학자의 본질에 관한
열 차례의 강의

ÜBER DAS WESEN DES GELEHRTEN,
UND SEINE ERSCHEINUNGEN IM GEBIETE DER FREIHEIT

학자의 본질에 관한
열 차례의 강의

ÜBER DAS WESEN DES GELEHRTEN,
UND SEINE ERSCHEINUNGEN IM GEBIETE DER FREIHEIT

요한 G. 피히테 지음

·

서정혁 옮김

책세상

일러두기

1. 이 책은 요한 고틀리프 피히테Johann Gottlieb Fichte의 《학자의 본질과 자유의 영역에서 그것이 드러난 모습에 대하여Über das Wesen des Gelehrten, und seine Erscheinungen im Gebiete der Freiheit》(1805)를 국내 처음으로 완역한 것이다.

2. 이마누엘 헤르만 피히테Immanuel Hermann Fichte가 편집하고 발터 데 그루이터 출판사 Walter de Gruyter & Co.에서 1971년에 출간한 《피히테 전집 제6권Fichte Werke, Band VI, Zur Politik und Moral》을 번역 저본으로 삼았다.

3. 본문 옆에 따로 표시한 숫자는 해당 내용이 시작되는 저본의 쪽수이다.

4. 본문 중 원 저작에서 이탤릭 볼드체로 강조된 부분은 번역에서도 동일하게 이탤릭 볼드체로 표기했다.

5. 이 책의 모든 미주는 옮긴이 주이다.

6. 본문의 ( ) 속 내용은 원전의 이해를 돕기 위해 옮긴이가 추가한 것이다.

7. 단행본, 잡지는 《 》로, 논문이나 단편은 〈 〉로 표기했다.

8. 맞춤법과 외래어 표기는 현행 규정과 《표준국어대사전》(국립국어원)을 따랐다.

학자의 본질에 관한 열 차례의 강의 | 차례

2002년에 책세상출판사에서 '고전의 세계'가 출범할 때 우연히 인연이 닿아 피히테의 《학자의 사명에 관한 몇 차례의 강의》를 낸 후 벌써 15년이 훌쩍 지났다. 비록 조그만 문고판이었지만 피히테의 이 번역서가 나에게는 세상에 내놓은 첫 번째 책이었기에, 그 후에 나온 다른 책들보다 더 애정이 갔다. 《학자의 사명에 관한 몇 차례의 강의》를 출판한 후 피히테의 후속 강의인 《학자의 본질에 관한 열 차례의 강의》도 빠른 시일 내에 내놓겠다고 한 나 자신과의 약속을, 정작 번역을 해놓고도 이런저런 일들로 미루다가 이제야 이렇게 지키게 되어 기쁘다.

이미 언급했듯이, 피히테의 이 책은 도덕의 관점에서 학자의 사명과 본질을 다룬 연속 강의의 일부이다. 따라서 이 책을 읽기 전에 이미 옮긴이가 번역 출판한 《학자의 사명에 관한 몇 차례의 강의》를 먼저 읽어본다면, 왜 피히테가 그토록 오랫동안 이 주제에 천착했는가를 더 잘 이해할 수 있을 것이다. 지금 우리 현실 못지않게 혼란스러웠던 세기의 전환기에 피히테는 현실 문제의 근본적인 해결 방향을 참된 의미에서의 학문과 학자의 상을 탐구함으로써 모색하고자 했다. 순수 학문의 중요성과 학자의 도덕성을 강조하는 피히테의 입장이 한편으로는 시대에 뒤떨어진 고답적인 주장처럼 들릴지도 모르겠다. 그러나 인간이 알고 지키고 행해야 할 삶의 기본 원칙은 시대와 장소를 초월해 일관되게 유지되어야 한다고 믿는 사람에게는, 비정상이 정상처럼 활보하는 현실로 인해 새삼 피히테의 뻔한 주장이 참신하게 느껴질 수도 있을 것이다.

우리는 현실에서 학자가 자신의 학문적 양심을 팔아 자본과 권력과 결탁할 때 발생하는 사회적 폐해를 수차례 경험한 바 있고, 이로 인한 고통과 부작용은 지속되고 팽창하고 있다. 아무리 세상이 변한다고 해도 인간이 인간답게 살아야 한다는 것이 진리이듯이, 변하는 세상사에 아무리 학문이 휩쓸린다고 해도 학문은 학문다워야 하고 학자는 학자다워야 한다. 이 책에서 피히테는 특수한 개별 학문들이 각자 수행해야 할 나름의 역할이 있음을 인정하면서도, 분과 학문에 종사하면서 자신의 전공 분야만을 집착하고 다른 학문 분야를 멸시하거나 존중하지 않는 학자는 학문을 하는 것이 아니라 단순히 밥벌이를 하고 있을 뿐이라고 신랄하게 비판한다. 사실 따지고 보면, 근래에 인문학 운운 하는 일들도 대부분은 이 밥벌이 문제로 인해 벌어지는 것이니, 우리 현실에서는 인문학 전공자라고 해서 피히테의 비판을 면할 길은 없을 듯하다.

지은이가 차분히 체계적으로 저술한 글이 아니라 구두 강연을 책으로 펴낸 것이라 때로는 원문의 모호함으로 인해 번역이 쉽지 않았다고 변명하기 전에, 옮긴이의 모자람과 한계를 먼저 절감했다는 사실을 고백하지 않을 수 없다. 열정적인 피히테의 구두 연설의 어감을 충분히 살려 번역하지 못한 점이 못내 아쉬울 뿐이다. 이런 옮긴이의 부족함에도 불구하고, 어려운 출판 사정에서도 호의로 출판을 해주신 책세상 관계자들께 감사를 드린다. 그리고 항상 곁에서 나에게 힘을 주는 가족, 특히 아현과 창현에게 이 책이 좋은 선물이 되기를 바란다.

서정혁

8

〔349〕 이 강의는 문필가의 저작 반열에 오르겠다는 요구를 하지 않습니다. 문필가의 저작이 지닌 인상에 대해서는 내가 열 번째 강의에서 제시해보려고 하였습니다.[1] 오히려 내가 인쇄에 맡기려는 것은 신중한 연설문입니다. 이렇게 출판을 하려는 이유는, 이 연설을 들을 기회를 갖지 못한 이런 저런 이들에게 아마도 유용하지나 않을까 하는 전제에서 비롯되었습니다. 원한다면 이 강의를 12년 전 내가 했던 '학자의 사명에 관한 강의들'의 새로운 개정판으로 간주할 수도 있을 것입니다.[2] 여건이 허락하여 새 판을 낼 수 있었다면 좋았을 것입니다. 그리고 에를랑겐 대학교에서 나의 교수로서의 직업적 소명에 따른 일처리 방식에 대해 누군가가 의문을 제기하는 일이 발생했다고 하더라도, 나는 이 강의가 이미 내놓은 해명의 타당한 구성 요소일 수 있다는 데 어떤 이의도 제기하지 않을 것입니다.[3] 더구나 내가 담소를 나눌 때마다 점점 더 큰 거부감을 느끼게 되는 독자 대중에게 나는 차

제에 어떤 언급도 하고 싶지 않습니다.

베를린, 1806년 1월

피히테

전체의 계획

〔350〕나는 여기서 내가 강의 편람에서 '학자의 도덕에 대하여de moribus eruditorum'라는 제목으로 공고한 바 있는 공개 강의를 시작하고자 합니다. 여러분들은 이 강의 제목을 '학자의 도덕Moral', '학자의 사명에 대하여', '학자의 윤리Sitte에 대하여' 등과 같은 말로 번역할 수 있을 것입니다.4 이 말이 어떻게 번역되고 이해되어야 마땅한가라는 측면에서 보자면, 이 개념 자체는 더 상세한 설명이 필요합니다. 나는 우선 예비적인 설명을 하고자 합니다.

우리는 도덕이나 윤리론이라는 용어를 들으면 규칙들과 지침들에 의한 성격의 도야나 행동 방식의 도야를 떠올리게 됩니다. 그러나 인간이 규정이나 지침에 따름으로써 스스로 도야할 수 있다는 것은 단지 제한된 의미에서만, 그리고 단지 저급한 견해의 입장에서만 사실일 수 있습니다. 이와 반대로 우리가 여기서 설정하고자 하는 절대적 진리의 최고 입장에서 본다면, 인간의 사유 방식과 행동에서 표현되어야5 하는 것은 인간의 본질 속에 내재해야만 하며 인간의 본질과 존재와 삶 자체를 구성해야만 합니다. 그러나 인간 속에 내재하는 것은 필연적으로 바깥으로 드러나기 마련이며, 모든 인간의 사유와 의욕 그리고 행동 속에서 현시되어,[6] 인간에게 변하지 않는 불변의 윤리가 됩니다. 따라서 인간의 자유와 교육, 가르침, 종교, 입법 등의 모든 노고들을 도야하여 어떻게 선으로 이끌고 또 통합해야 하는가 하는 문제는, 여기서 우리가 문제 삼고자 하는 것과는 다른 탐구의 대상입니다. 여기서 우리는 일반적으로 위와 같은 두 가지 [351] 주장들이 매우 잘 통합될 수 있으며,[7] 이 통합의 가능성이 좀 더 심오한 철학의 연구에서 분명해진다는 사실을 입증할 수 있을 뿐입니다.

불변적인 성격과 행동 방식, 또는 한마디로 진정한 학자의 윤리라는 것은, 본래 오직 최상의 입장에서만 서술되어야 하며, 결코 지시되거나 명령받을 수는 없습니다. 또한 다른 편에서 보자면, 이처럼 현상하면서 외적으로 현시되는 진정한 학자의 윤리는, 내적으로나 자신의 본질 속에서는 일체의 현상과는 독립적이며 모든 현상에 선행하는 것에 근거하고 있을 뿐 아니라, 이 내면적 본질에 의해 필연적으로 야기되고 불변적으로 규정됩니다. 따라서 우리가 진정한 학자의 윤리를 서술하려면, 우리는 우선 그의 [학자로서의] 본질을 진술해야만 합니다. 이 본질의 개념으로부터 학자의 윤리가 완전하게 남김없이 도출되어야 합니다. 전자의 전제된 본질로부터 이렇게 도출을 완결하는 것이 이 강의의 본래 목적입니다. 따라서 이 강의의 내용은 다음과 같이 약술될 수 있습니다. 즉 이 강의는 학자의 본질에 대한 서술Beschreibung이자, 자유의 영역 내에서 학자의 본질이 현상하는 바에 대한 서술입니다.

학자의 내적 본질을 통찰하는 데에는 다음과 같은 명제들이 도움이 됩니다.

1) 모든 관계와 규정이 있는 전체 감성계와, 특히 이 감성계 내 인간의 삶은, 그 자체로 사실상 진정한 의미에서 보자면, 인간의 미도야된 자연적인 감관에 현상하는 것들이 아닙니다. 오히려 자연적인 현상의 근거가 되는 것은 더 고차적이며 숨겨져 있는 어떤 것etwas höheres und verborgenes입니다. 우리는 현상의 이 고차적인 근거를 그것의 최고의 보편성 속에서 매우 적절하게 신적인 이념göttliche Idee이라고 부를 수 있습니다. 그리고 우리가 이 개념을 더욱더 자세히 규정하는 경우, 신적인 이념이라는 이 표현은 현상의 더 고차적인 근거라는 것만을 의미합니다.

2) 세계에 대해 이 신적인 이념이 지니는 내용의 특정한 한 부분은 도야된 심사숙고Nachdenken에 의해 〔352〕 접근 및 파악할 수 있으며 이 〔신적인 이념이 지니는 내용의 특정한〕 한 부분은 이 개념의 지도하에서 인간의 자유로운 행위를 통해 감성계에 밖으로 나타나고 현시되기 마련입니다.

3) 만일 인간들 중에, 전체로든 부분으로든 마지막에 언급된 세계의 신적인 이념의 부분을 차지하는 입장에 있는 개인들이 있다고 한다면, 그리고 이 개인들이 타자와의 소통을 통해 인간들 가운데 이 〔신적인〕 이념의 인식을 보유하며 확장하거나, 아니면 감성계에 미치는 직접적 행동을 통해서 이 〔신적인〕 이념을 감성계에서 현시한다면, 이 개인들은 세계 속에서 더 고차적이며 정신적인 삶의 거처가 될 것이며, 신적인 이념에 따라 결과되는 바와 같은 세계의 진보 상태 Fortentwickelung가 될 것입니다.

4) 모든 시대에 교육과 정신적 도야의 방식은 학문적 도야 gelehrte Bildung이며, 이러한 도야에 참여하는 사람이 그 시대의 학자Gelehrte입니다. 그리고 이러한 도야의 방식을 매개로 해서 이 시대에 사람들은 신적인 이념을 심사숙고함으로써 도출된 인식을 얻고자 합니다.

이상에서 언급된 사실로부터 분명해지는 점은, 한 시대가 학문적 도야라고 부르는 교육과 도야 전체가, 단적으로 인식 가능한 신적인 이념의 부분을 인식하도록 이끄는 수단이 되며, 이 전체는 학문적 도야가 사실상 이와 같은 수단이 되고 자신의 목적을 달성하는 한에서만 가치를 지닌다는 것입니다. 어떤 주어진 경우에 이 목적이 달성되는지 여부를, 사물에 대한 일상적이며 자연적인 견해에 근거해서는 결코 판정할 수는 없습니다. 왜냐하면 일상적이며 자연적인 견해는 이념에 대해 완전히 눈먼 상태에 있기 때문입니다. 이 〔일상적이며 자연적인〕 견해는, 한 개인이 우리가 학문적 도야라고 부르는 것을 즐겼는지 여부와 관련된 경험적 사실만을 파악할 수 있을 뿐입니다. 따라서 학자에 대한 개념에는 기껏해야 두 가지만이 있을 뿐입니다. 첫 번째 학자의 개념은 가상 Schein과 단순한 사견Meinung에 따른 것으로서, 이러한 관점에서 보자면 학문적 교육과정을 두루 거치고 보통 사람들이 말하듯이 교육을 받았거나 계속 교육을 받고 있는 모든 개인들은 학자〔지식인〕로 취급되어야 합니다. 두 번째 학자의 개념은 진리에 따른 것으로서, 이러한 관점에서 보자면 〔353〕 그 시대의 학문적 도야를 거치고 난 다음에 이념을 인식하는 데까지 다다른 사람만이 학자라고 불려야 합니다. 나는 여기서 그 시대의 학문적 도야를 거치고Durch die gelehrte Bildung des Zeitalters hindurch라는 말을 사용했습니다. 왜냐하면 내가 절대 부정할 수 없다고 생각하는 그러한 수단이 없다면, 설사 각자 다른 방도로 이념의 인식에 도달할 수는 있다고 하더라도, 그 사람은 자신의 인식을 확고한 규칙에 따라 이론적으로 전달할 수가 없을 것이며, 자신의 인식을 세계에 실용적으로pragmatisch[8] 실현할 수도 없을 것이기 때문입니다. 왜냐하면 그에게는 교육을 하는 학교에서만 얻을 수 있는 동시대의 지식이나 동시대에 미칠 수 있는 수단이 없을 것이기 때문입니다. 그렇기 때문에 그는 자신만의 고귀한 삶을 살 수 있을지는 모르겠으나, 그러나 바깥 세계에 관여하거나 이 세계를 발전시키는 삶을 결코 살 수는 없습니다. 학문적 도야가 염두에 두고 있는 '본래적인 온전한 목적'은 이러한 삶 속에서 표현되겠지만,9 그와 같이 도야하지 않았다면 그러한 목적은 결코 표현될 수가 없을 것입니다. 그리고 (만일 그렇게 표현될 수가 없게 되면) 학문적 도야가 지향하는 '본래적인 온전한 목적'은 기껏해야 우수한 한 인간ein höchst vorzüglicher Mensch이 되는 것일 수는 있겠지만, 그러나 결코 학자가 되는 것은 아닐 것입니다.

여기서 우리는 우리 입장에서 사태를 결코 외적인 가상에 따라 고찰하려고 하지 않고 진리에 따라 고찰하려고 합니다. 그래서 이하에서 이 강의 전체에 걸쳐 우리에게 중요한 것은 한 사람의 학자일지도 모릅니다. 이때 이 한 사람의 학자는 그 시대의 학문적 도야를 통해 이념의 인식에 현실적으로 도달한 상태에 있는 사람이거나, 적어도 그와 같은 인식에 도달하려고 활발하고도 힘차게 노력하고 있는 사람입니다. 여기서 우리가 사태를 잘 고찰할 수만 있다면, 이러한 도야를 통해 이념에 도달하지도 못하면서 계속 도야를 시도만 해온 사람은 전혀 없음을 알 수 있습니다. 이러한 사람은 이념을 소유한 이와 일상의 실재에 의해 강력하게 지지되고 유지되는 이 사이에서 이중적인 의미를 지닌 중간자라고 할 수 있습니다.10 이 사람은 이념을 향한 쓸모없는 분투奮鬪를 하여,

정작 실재를 포착하는 숙련성을 자신 속에서 다듬을 기회를 마련하지는 못하고, 이념과 일상의 실재라는 두 세계 중 어디에도 속하지 못하고, 이 두 세계 사이에서 떠돕니다.

우리가 이미 앞에서(원문 (351)쪽에서) 진술한 바처럼, 이념들 일반을 직접적으로 적용하는 방식의 분류Einteilung는 (354) 학문적 도야를 거쳐 이 이념을 소유하게 된 사람, 즉 학자에게도 분명히 타당합니다. 한편으로 자신이 이념을 생생하게 인식하는 상태에서 타인의 처지가 되어 바라보는 그 이념을 타인과 함께 나눌 수 있는 것이 바로 학자가 추구하는 첫 번째 목적이자 소임이기도 합니다. 이것이 보편자나 특수자 속에서 개진되는 이념의 이론입니다. 그와 같은 학자는 학문의 교사ein Lehrer입니다.[11] 이념의 이차적인 사용과는 달리, 일차적으로 학문의 교사의 소임은 단순한 (이념의) 이론으로 표현될 수 있습니다. 보다 폭넓은 의미에서 보면 이러한 소임은 실천적일 뿐만 아니라 직접적인 실무자의 소임이기도 합니다. 그의 작용이 미치는 대상은 인간의 감각과 정신입니다. 어떤 규칙에 따라서 인간의 감각과 정신을 개념으로 형태화시키고 고양시키는 일은 매우 중요한 기예Kunst입니다.[12] 또는 학문적 도야를 통해 이념을 획득하게 된 사람이 가장 먼저 추구하는 목적은 자신의 본래 의도와 관련하여 무의지적인 세계를 이 이념에 따라 형태화하는 것입니다. 이것은 일종의 입법행위Gesetzgebung라고 할 수 있는데, '사람들 간에 온전히 정의롭고 공동체적인 관계'나, '사람들을 둘러싸고 있으며 그들의 가치 있는 현존재에 영향을 미치는 자연'을 '정의와 아름다움'이라는 신적 이념에 따라 주어진 시대에 주어진 조건하에서 가능한 한 다듬는 것이기도 합니다. 이렇게 하면서 그는 자신의 본래적 개념뿐만이 아니라 기예도 보유하게 되는데, 이 기예를 통해 자신의 본래적 개념을 세계에 형태화시켜 드러내 보입니다. 따라서 학자는 실용적인 학자ein pragmatischer Gelehrter라고 할 수 있습니다. 내가 지나는 길에 언급하는 바이지만, 그 말이 뜻하는 진정한 의미에서 학자가 아닌 사람, 다시 말해 신적인 이념의 학문적 도야에 참여하지 않은 사람은 어느 누구도 여러 가지 인간적인 일들을 잘 수행하고 질서 지우는 입장에 설 수는 없을 것입니다. [학자가 아닌] 수다쟁이[밀고자]나 앞잡이의 경우는 학자와는 사정이 다릅니다. 그들이 갖춘 덕은 고작 '한 치의 오차도 없는 복종'과 '일체의 자기 사유의 기피'에서 성립하고, 자신들의 소임에 대해 스스로 판단하는 것을 기피하는데에서 성립합니다.

또 다른 관점에서 학자의 개념에 대한 다른 분류가 있는데, 이 분류는 우리가 보기엔 [355] 가장 생산적인 것이기도 합니다. 즉 학자는 '온전한 신적인 이념'이 인간에 의해 파악될 수 있는 한에서 이 이념을 이미 현실적으로 파악했고 관철시켰으며 스스로 완전히 분명하게 나타냈거나, 아니면 이

넘 중에서 파악 가능한 특수한 부분을 밝혀낸 사람입니다. 그런데 적어도 이러한 일은 전체에 대한 분명한 통찰이 없다면 불가능할 것입니다. 그런데 이렇게 해서 이념은 언제나 그와 같은 형태를 띠고서 학자의 인격성Persönlichkeit의 갱신된 소유물이자 구성 부분이 되어버릴 것입니다. 그렇게 해서 학자는 완성되고 준비된 학자, 연구하는 한 사람이 되는 것입니다. 또한 그러한 사람은 이념 일반이나 특수한 부분과 점들을 아주 분명하게 만들려고 계속해서 분투하고 노력하기도 합니다. 이때 그는 자신의 인격을 위해 이 특수한 부분이나 점들로부터 전체를 관통해보려고 시도하기도 합니다. 이렇게 되면 개별적인 빛의 섬광들이 이미 모든 측면들에서 그에게 나타나게 되며, 그 앞에는 좀 더 고귀한 세계가 열리게 됩니다. 하지만 아직까지 그에게 이 빛의 섬광들이 '불가분적인 하나의 전체'로 통합되어 있지는 않습니다. 이 빛의 섬광들은 그에게 다가왔다가 그도 알지 못하는 사이에 다시 사라져버리기도 합니다. 그리고 그는 이 빛의 섬광들을 아직까지 그의 자유의 지배권 아래로 가져오지 못합니다. 그래서 그는 도야를 해야 하는 초보 학자이자, 아직까지 배우는 연구자이기도 한 것입니다. 진정으로 소유하고 추구할 만한 이념이 있다는 것은 양자〔완성된 학자나 초보 학자 모두〕에게 공통되는 사실입니다. 추구한다는 것Streben을 단적으로 외적 형식이나 학문적 도야라는 자구字句에만 관련시켜 보자면, [도야의] 과정이 완결되었을 때에는 완성된 자가 나오지만, 아직 완결되지 않았을 때에는 초보적인 서툰 이가 나오게 됩니다. 그런데, 이 초보적인 서툰 이가 완성된 자보다는 좀 더 사정이 괜찮다고 할 수 있습니다. 왜냐하면 초보자는 자신의 연속적인 도정 한가운데 미래의 어떤 지점에서 이념에 사로잡힐 수 있으리라는 희망을 품을 수 있기 때문입니다. 그러나 완성된 자의 경우에는, 모든 희망이 사라져버린 상태입니다. 청중 여러분, 이것이 학자의 본질이라고 할 수 있는 개념입니다. 이것은 본질을 결코 바꾸지 않고 총체적으로 이 본질을 자신이 짊어지고 나아가는, 결코 소진되지도 않고 우연한 것도 아닌 이 개념의 사명들[규정들]입니다. 여기서 개념은 확정되고 한정된 존재의 개념으로서, '[학자의 본질이] 무엇인가?'라는 질문에 단적으로 답하는 것이기도 합니다.

그러나 무엇의 본질das Was에 대한 이 유일한 질문에 답을 했다고 해서, 우리가 [356] 의심의 여지없이 추구하는 철학적 인식이 충족된 것은 결코 아닙니다. 즉 철학은 여기서 더 나아가 '어떻게das Wie'라는 점에 대해서도 질문을 던집니다. 이것을 엄밀히 표현하자면, '무엇'이 이미 그 자체로 함축하고 있는 '어떻게'에 대해서만 철학은 의문을 제기합니다. 모든 철학적 인식은 그 본성상 사실적faktisch이지 않고 발생적 genetisch이며, 어떤 '고정된 존재ein stehendes Sein'를 파악하는 것이 아니라 이 '고정된 존재'를 그 생명의 뿌리에서부터 내적으로 산출하면서 구상해냅니다. 따라서 그의 고정된 본질에 따라서 기술記述되는 학자와 관련해서도 다음의 질문, 즉 '어떻게 그는 학자가 되었는가?'라는 질문이 남습니다. 그리고 그의 고정된 존재와 '생성된 상태Gewordensein'조차도 붕괴될 수 없는 생동적인 것이며, 모든 계기들에서 '스스로를 산출하고 있는 하나의 존재'이기 때문에, 다음과 같은 질문이 가능합니다. "그는 어떻게 학자로서 자신을 유지해 나가고 있는가?"

나는 다음과 같이 짧게 답하려고 합니다. '그 속에 거주하며 인격성을 형성할 뿐만 아니라 이념을 향해 발휘되는 흡인력 강한 사랑을 통해서'라고 말입니다. 여러분들은 다음과 같은 것을 생각해보시기 바랍니다. 즉 모든 현존재는 자기 자신을 유지하고 꾸려 나간다는 것을 말입니다. 그리고 살아 있는 현존재에서는 이처럼 '자기-스스로-유지하기Sich-selbst-Erhalten'와 이 '자기 유지하기에 대한 의식'은 그 자신에 대한 사랑인 것입니다. 바로 여기서 영원한 신적인 이념은 개별적인 인간 개개인들 속에서 현존하게 됩니다. 개인들 속에 있는 신적인 이념의 이 현존재는 자신 스스로를 '말로 다 할 수 없는 사랑'으로 감쌉니다. 그래서 이러한 겉모습에 따라 우리는 '이 인간이 이념을 사랑하며 이념 속에서 살고 있다'라고 말하는 것입니다. 왜냐하면 진리에 따라 보자면,

인간의 위치와 인격 속에 살아 있고 스스로를 사랑하는 자는 이념 자신이기 때문입니다. 그리고 여기서 인격은 결코 절대적으로 거기에 현존하거나 살아 있을 수가 없습니다. 이렇게 엄밀하게 파악된 표현과 정식들이 온전한 상황 전체를 펼쳐 보여줍니다. 그리고 우리는 또 다시 우리에게 비치는 모습에 따라서, 오해할 것을 두려워하지 않고 여기서 더욱더 전진할 수가 있습니다. 이념은 진정한 학자 속에서 학자의 개인적인 삶을 완전히 무화시키는 '감성적인 생명'을 획득했으며, 이 생명을 자체 속으로 수용했습니다. 학자는 이념을 제외한 어떤 것도 사랑하지 않으며 오직 이념만을 사랑하기 때문에, 학자는 이념을 사랑하는 것이지 다른 것과 비교해서 이념을 사랑하는 것은 아닙니다. 이념만이 학자의 모든 기쁨과 향유의 원천이며, 이념만이 학자의 모든 사상과 노력과 행위를 추동하는 원리입니다. [357] 단적으로 이념을 위해 학자는 살아가는 것이며, 이념이 없다면 그에게 삶은 무미건조하고 혐오스러운 것이 되고 말 것입니다. 완성된 학자나 초보 학자에게서 공히 이념은 살아 숨 쉬고 있습니다. 단지 차이점이 있다면 다음과 같은 것입니다. 완성된 학자에게서 이념은 명증성과 흔들리지 않는 견고함을 지니고 있습니다. 이념은 이 명증성과 견고함을 여러 주어진 여건들하에 있는 [완성된 학자라는] 이 개인 속에서 획득할 수 있었습니다. 그리고 완성된 학자에게서 이념은 그 자체로 종결된 현존재의 상태로 되어 있으면서 자신 밖으로 드러내져서 생동적인 말들과 행위를 통해 흘러나오려고 합니다. 이와 반대로 초보 학자에서 이념은 여전히 자신 안에서만 활동적이며 주어진 여건들 하에서 획득할 수 있는 그러한 현존재를 발전시키고 확고하게 하기 위해 분투합니다. 두 경우 모두 타자나 자기 자신을 이념에 따라 도야할 수 없게 되면, 양쪽 모두에게 동일한 방식으로 그들의 현존재가 무미건조하게 되어버릴 것입니다.

이것이 학자의 유일하고도 불변적인 삶의 원리입니다. 이것이 바로 우리가 '학자'라는 이 이름을 용인해줄 수 있는 자의 원리입니다. 이 원리로부터 학자가 처할 수 있는 모든 상황에서 발생하는 '학자의 행위와 일을 추진해 나가는 활동'이 절대적인 필연성을 띠고 전개됩니다. 따라서 우리는 우리의 목적을 위해 요구되는 연관들 속에서만 학자를 생각할 수 있습니다. 그리고 이 연관들 속에서 학자는 사유될 수 있습니다. 우리는 학자의 내적, 외적 삶을 확실하게 고려하고 미리 기술할 수 있을 것입니다. 이러한 방식을 통해 학자의 생명력 속에서 파악된 학자의 본질로부터 '학자의 현상들'을 자유의 세계나 가상적인 우연의 세계 속에서 학문적인 엄밀성을 가지고 도출할 수 있습니다. 이것이 우리의 과제입니다. 그리고 바로 앞에서 말한 것이 이 과제의 해결을 위한 규칙이라고 할 수 있습니다.

여기서 우선 우리는 그 말의 의미에서 보자면 연구자이고,

적절한 전제에 따라 본다면 초보 학자들이라고 할 수 있는 사람들에게 시선을 돌리고자 합니다. 그리고 앞서 제시된 원리들을 이 초보 학자들에게 우선적으로 적용하는 것이 목적에 부합한다고 할 수 있습니다. 만일 이 초보 학자들이 우리가 전제한 바에 부합하지 않는다고 하면, 그들에 대해 우리가 사용한 용어들은 아무런 의미도 중요성도 없고 아무 데도 적용될 수 없는 단순한 말들로 그치고 말 것입니다. 만일 이 초보 학자들이 우리가 전제하는 바에 부합한다면, 이들은 적절한 때가 되면 성숙하고 완성된 학자들이 될 것입니다. 왜냐하면 스스로를 발전시킬 수 있는 이념의 그와 같은 분투는 〔358〕 어떤 감성적인 것보다 더 고차적이며 무한히 강력해서, 소리 없는 위력으로 모든 난관을 헤치고 길을 닦으며 나아가기 때문입니다. 연구하는 젊은이에게는 그가 훗날 무엇이 될 것인가를 미리 지금 아는 것이 유익할 수도 있으며, 젊을 때보다 더 성숙한 자신의 모습을 미리 떠올려보는 것이 좋을 수도 있습니다. 그렇기 때문에 나는 당면한 작업을 끝낸 연후에 상술한 원리들에 따라 완전한 학자의 모습도 또한 구상해볼 것입니다.

명증성은 대립을 통해 얻어집니다. 그렇기 때문에 나는 '어떻게 학자가 표현되는가〔외적으로 드러나는가〕'를 보여줄 수 있는 모든 곳에서 '학자가 표현된다는 바로 그 이유 때문에 어떻게 학자는 표현되지 않는가'라는 점을 동시에 진술할 것입니다.

이 글은 크게 보면 두 부분으로 구성되는데, 특히 '완성된 학자'를 논하는 두 번째 부분에서, 나는 곱지 않은 시선들이나 현재 학술 상태의 검열 따위나 그러한 학술 상태를 이용하는 사태를 야기하지나 않을까 조심할 것입니다. 그리고 나는 청중 여러분이 절대 〔학술 상태의 검열 따위의〕 그러한 제안을 받아들이지 않기를 바랍니다. 철학자는 조용히 자신의 구성Konstruktion을 설정된 원리에 따라 입안합니다. 이렇게 작업하는 동안 그는 현실적으로 현존하는 사물들의 상태를 고려하지 않고 자신의 고찰을 계속 진행할 수 있기 위해서 그러한 상태를 염두에 둘 필요가 없습니다. 이것은 마치 기하학자가 순수 직관의 도형들이 우리의 도구들을 통해 시험받을 수 있는지 여부를 걱정하지 않고 자신의 구성을 입안하는 것과 마찬가지입니다. 그리고 특히 아직 편견 없이 연구하는 젊은이의 경우에는, 그가 앞에서 예를 든 그러한 상황들[13]에 저항할 수 있는 힘을 갖추기 전에는 그가 언젠가는 속하게 될 신분의 타락과 부패 상황을 좀 더 정확히 알지 못할 수도 있습니다.

여러분, 이상과 같은 것이 내가 이 시간에 여러분들 앞에서 하려고 하는 이 강의의 세부 계획입니다. 오늘은 방금 말한 내용들에 다음과 같이 몇 가지 언급들만을 덧붙이고자 합니다.

오늘 강의는 어떠했고 다음번에는 어떨 것인가라는 점을 염두에 두고서, 사람들은 〔359〕 보통 다음과 같이 트집을 잡기 일쑤입니다. 이것은 우선 엄밀히 말하자면, 어떤 강의자의 규정이 〔청중인〕 우리 마음에 들지 않는다는 점을 그 강의자가 전혀 의식하지 못할 때, 우리가 이 점을 그에게 아주 솔직하게 말해야만 하고, 그 후 그 강의자가 자신을 돌아보아 스스로 구사하는 문장들을 순화할 것이라는 식의 좋은 전제에서 종종 그렇게 하는 것입니다. 그래서 우리는 다음과 같이 말한 바 있습니다. 즉 학문적 도야를 통해 이념의 인식에 도달하지 못한 상태에 있거나, 아니면 이러한 앎을 추구하지 않는 사람은 본래 무와 같이 전혀 아무것도 아닐 것이라고 말입니다. 우리는 이어서 이 사람은 우둔한 사람ein Stümper일 것이라고 말했습니다. 이렇게 무자비한 표현은 사람들이 철학자들에게 악의에 찬 심정으로 사용하곤 하는 것입니다. 지금 당면한 경우를 제쳐두고서 준칙들을 전체적으로 다루게 되면, 진리에 대한 모든 존경을 거부해버릴 만큼 결정적인 힘은 없으면서도 이 사유 방식이 진리의 어떤 부분을 경시하려고 하고 그 가치를 깎아내리려고 한 결과, 자기 자신만을 존경하기 위해 좀 더 값싼 거래를 하게 된다는 사실을 나는 상기하게 됩니다. 그러나 한번 그것이 존재하는 방식대로 존재하게 되면 그 본질에 있어서 결코 변할 수 없는 진리는, 자신의 길을 곧바로 헤쳐 나아갑니다. 그리고 진리를 순수하게 지니기를 원치 않는 사람들과 관련해서 보자면, 진리가 참이기 때문에 마치 그들이 결코 말할 수 없는 것처럼 진리가 남겨진다는 점 말고는 진리에게 아무것도 남지 않습니다.

그래서 사람들은 이러한 종류의 강연을 이해할 수 없어서 괜히 비난하곤 합니다. 나는 청중 여러분들이 아니라 '가상의 의미로 완성된 학자'를 떠올리고 있습니다.[14] 이 가상의 의미로 완성된 학자의 경우에는 앞에서 제시된 어떤 고찰이 시야에 들어오면 이를 깊이 파고들어 이리저리 의혹을 제기하다가 마침내 의미심장하게 갑자기 뭔가를 분출해낼지도 모르겠습니다. 바로 그것이 이념, 신적인 이념, 현상의 토대가 되는 것입니다. '그런데 도대체 그것은 무엇을 의미합니까?'라고 질문을 하는 사람에게 나는 되묻고 싶습니다. '도대체 이 질문이 무엇을 의미합니까?'라고 말입니다. 우리가 후자의 질문을 자세히 고찰해보면, 그 질문은 대부분의 경우 다음과 같은 것을 의미할 뿐입니다. "어떤 여타의 이름들이나 정식들 가운데 내가 알지 못하는 특별한 기호Zeichen를 통해 당신Du이 표현하는 그러한 사태Sache를 내가 이미 알고 있습니까?" 그리고 대부분의 경우에 이 질문에 유일하게 적절한 대답은 다음과 같은 것일 수 있습니다. 즉 '당신은 이 사태를 [360] 전혀 알지 못하고 있고, 당신의 전체 생애 동안에도 이 명칭으로든 아니면 다른 명칭으로든 이 사태에 대해 결코 어떤 것도 청취하고 이해하지 못했습니다'라고 말입니다. 그리고 '당신이 이 사태를 알아야만 한다면, 당신은 이제 처음부터 이 사태를 아는 법을 배우기 시작해야만 합니다. 그 후 그 사태는 당신에게 처음 제안된 그 명칭으로 불리면서 그에 가장 어울리는 상태가 될 것입니다'라고 말입니다. 앞으로 진행될 강의들에서는 오늘날 사용되는 이념이라는 말이 무엇보다도 좀 더 자세히 규정되고 설명되어 완전히 명확해질 때까지 설명되기를 바랍니다. 그러나 이러한 일은 결코 단 한 시간으로 끝날 일이 아닙니다.

우리가 여전히 기억하고 있을 법한 여타의 모든 것들처럼, 우리는 이러한 작업을 다음의 강의들에서 계속해 나갈 것입니다.

신적 이념이라는 개념의
상세한 규정

학자의 개념을 논의한 지난 강의에서 우리가 근거로 삼았던 것은 다음과 같은 주제들이었습니다.

총체적 세계는 사실상 도야되지 않은 자연적인 인간의 감각에 나타나는 그러한 세계가 결코 아니며 오히려 자연적인 현상의 근거가 되는 고차적인 것입니다. 우리가 현상의 이 근거를 가장 일반적인 의미로 '세계의 신적 이념'이라고 부른다면 매우 적절할 것입니다. 도야된 심사숙고를 통해 우리는 이 신적 이념이 지닌 내용의 특정한 일부분에 접근할 수 있으며 그것을 파악할 수 있습니다.

우리는 앞서 동일한 강의의 결론 부분에서, 여기서는 아직도 모호한 신적 [361] 이념이라는 이 개념이 모든 현상들의 최종적인 절대적 기초로서, 이 기초의 철저한 적용을 통해서 비로소 미래에 좀 더 분명해질 수 있다는 사실을 밝힌 바 있습니다.

그럼에도 불구하고 우리는 신적 이념이라는 이 개념을 잠정적으로나마 일반적인 의미에서 좀 더 상세히 설명하는 것이 본 강의의 목적에 부합한다고 생각합니다. 그래서 우리는 이렇게 설명하는 데에 오늘 이 〔두 번째 강의〕 시간을 할애할 생각입니다. 우리는 이 목적을 위해 다음과 같은 명제들을 제시하는데, 이 명제들은 우리들에게는 앞서 시도된 심오한 연구의 결과이자 동시에 완전하게 증명될 수 있는 것들이기도 합니다. 그런데 우리는 이 결과를 여러분들에게 단지 사적史的인 방식으로만nur historisch 전달할 수 있을 뿐입니다.[15] 다시 말해 기껏해야 여러분들 자신의 진리에 대한 감각에 의지하여 전달할 수 있을 뿐인데, 여러분은 진리에 대한 감각 때문에 근거들에 대한 통찰도 없이 우리에게 동의를 표할 우려가 있습니다. 그리고 다음에 제시하는 전제들을 통해 가장 중요한 질문에 답하며 가장 심한 회의의 상태가 해소된다는 사실에 여러분들이 주목한다는 점에 의거하여 우리는 여러분들에게 이 결과를 전할 수 있는 것입니다.

우리는 다음과 같은 명제들을 제시하는 바입니다.

1) 철저하고 절대적인 의미에서 존재는 생동적이고 그 자체로 활동적이며, 삶Leben 외의 다른 존재는 없습니다. 존재는 결코 죽은 상태가 아니며 그대로 머물러 있지도 않고 내적으로 고요하지도 않습니다. 현상 속에서 등장하는 죽은 것이 무엇인지, 그리고 이 죽은 것이 어떻게 유일하게 진실한 존재인 삶과 관계를 맺는지 하는 문제를 앞으로 좀 더 심도

있게 고찰해볼 것입니다.

2) 철저히 스스로의, 스스로로 말미암아, 스스로에 의해서 유지되는 유일한 삶이 신의 삶 또는 절대자의 삶이며, 여기서 신이나 절대자는 동일한 것을 뜻합니다. 우리가 '절대자의 삶'이라고 말할 경우에, 이렇게 말하는 것은 단지 말하는 한 가지 방식일 뿐입니다. 왜냐하면 참으로 절대자는 삶이며 삶은 곧 절대자이기 때문입니다.

3) 이 신적인 삶은 즉자대자적으로 순수하게 자기 자신 속에 숨겨져 있으며, 자기 자신 속에 거하고 있고, 자기 자신 내에 머물면서 자기 자신에게만 순전히 몰두하고 자신만 접근 가능합니다. 신적인 삶이 곧 모든 존재이며, 그것이 없다면 어떤 존재도 있을 수 없습니다. 그렇기 때문에 신적인 삶은 변하지 않고 절대적으로 존재합니다.

4) 이 신적인 삶은 스스로를 외적으로 표현하고 드러내며, 신적인 삶으로 현상하고 자신을 나타냅니다. 그리고 이러한 그의 서술〔거기 세움: Darstellung〕 또는 그의 현존〔거기 있음: Dasein〕과 외적 실존이 세계Welt입니다. 여러분이 방금 언급된 것을 엄밀한 의미에서 취한다면 다음과 같이 말할 수 있습니다. 〔362〕 즉 신적인 삶은 자기 내적으로 현실적이며 살아 있는 한에서 보자면, 스스로를 거기에 세우면서〔서술하면서〕, 단지 그렇게만 자신을 거기에 세울 수〔서술할 수〕 있습니다. 그래서 신적인 삶의 진정한 내적 존재와 그의 외적

인 거기 세움의 상태 사이에는 결코 어떤 근거 없는 자의恣意
도 개입하지 않습니다. 만일 자의가 개입한다고 한다면 신적
인 삶은 부분적으로는 스스로를 밖으로 나타내면서도 부분
적으로는 스스로를 숨기고 있을 것입니다. 그러나 그렇지가
않고, 신적인 삶의 거기 세움의 상태는, 즉 세계라는 것은 두
가지 항들을 통해 단적으로 제약되며 지속적으로 규정되는
데, 그중 한 가지는 신적인 삶 고유의 내적인 본질 자체이며,
다른 한 가지는 외적인 표현과 거기 세움 일반의 불변적 법
칙들입니다. 신은 신 자신이 스스로를 거기에 세울 수 있는
것처럼 그렇게 스스로를 거기에 세웁니다. 그 자체로 파악될
수 없는 신의 전체 본질은 단적으로 거기에 세움의 상태에서
출현할 수 있다는 점에서, 미분화된 상태로 어떤 숨김도 없
이 드러납니다.

　5) 신적인 삶 자체는 어떤 변화나 변천도 없이 철두철미
자체 내에 완결되어 있는 통일성Einheit이라고 우리는 앞에서
말한 바 있습니다. 파악될 수 있기는 하지만 여기서는 아직
상세히 논의될 수 없는 이유 때문에, 거기 세움〔서술〕의 과정
Darstellung에서는 무한히 지속적으로 진보하면서 점점 더 상
승하는 삶이 끝이 없는 시간의 흐름에서 나타나는 신적인 삶
입니다. 우선 우리는 거기 세움의 상태에서는 삶이 그대로
남는다고 말했습니다. 생명체는 결코 죽은 것에서 거기 세워
질 수〔서술될 수〕는 없습니다. 왜냐하면 살아 있는 것과 죽은

것, 이 둘은 철저하게 대립하기에, 존재가 삶일 뿐이라면 동시에 진정한 본래적 현존재Dasein 또한 살아 있는 것이며, 죽은 것은 존재하지도 않으며 고차적인 의미에서 거기에 있지도 않기 때문입니다. 현상 속에서 이 살아 있는 현존재를 우리는 '인류das menschliche Geschlecht'라고 부릅니다. 그러므로 인류는 거기에 있습니다(현존합니다). 존재가 신적인 삶 속에서 펼쳐지며 다 길어내어짐으로써, 현존재나 신적인 삶의 거기 세움도 총체적인 인간의 삶 속에서 펼쳐지며, 이 인간적 삶을 통해 순수하고도 완전하게 다 길어내어집니다. 따라서 신적인 삶은 자신의 거기 세움에 있어서 무한하게 전개되어 나아가면서 내적인 생명성과 힘의 정도에 따라 좀 더 상승하는 삶이 됩니다. 따라서 이러한 결과는 중요합니다. 즉 이렇게 해서 삶은 거기 세움이라는 [363] 자신의 현존재의 모든 시점에서 신적인 삶과 대립하는 제한의 상황에 처하게 됩니다. 이것은 부분적으로 보자면 살아 있는 것도 아니고 아직까지 삶으로 관철되어 있는 상태도 아니라서 오히려 죽은 상태나 마찬가지입니다. 이 제한은 그의 상승적인 삶을 통해 점점 더 분쇄되고 제거되어 결국에는 삶으로 전환되어야 합니다.

여러분이 앞에서 제시된 제한이라는 개념을 매우 면밀히 파악하고 심사숙고해보면, 객관적이며 질료적인 세계라는 개념이 떠오를 것입니다. 바로 이 [객관적이며 질료적인] 세계가 소위 자연입니다. 이 자연은 이성처럼 살아 있지 않으며 무한히 발전하는 것도 아닙니다. 자연은 죽어 있으며 경직되고 그 자체로 종결되어 있는 현존재입니다. 자연은 시간적인 삶을 유지하면서도 저지하는 것입니다. 그런데 이 저지를 통해 자연은 시간을 확장하기도 하는데, 만일 그렇지 않았더라면 자연은 단번에 하나의 전체적이며 완성된 삶으로 나타날 수도 있었을 것입니다. 더 나아가 자연은 이성적인 삶을 통해서 이 삶의 발전 과정 자체 내에서 생명을 부여받아야 합니다. 그렇기 때문에 자연은 무한히 스스로를 발전시켜 나아가는 인간적 삶의 활동과 힘의 표현 대상이자 영역입니다.

여러분, 다름 아니라 바로 이것이 그 말의 가장 넓은 외연적 차원에서 본 자연이며, 근원적이며 신적인 삶과 비교해 보면 그의 삶이 제한되어 있는 인간조차도 자연 이상의 것이 아닙니다. 근원적이지 않고 파생된 이차적인 인간의 삶의 무한한 진보, 그와 같은 진보가 가능하기 위해서는, 동시에 인간적 삶의 유한성과 제한성이 절대자의 그러한 자기 서술Sich-Darstellung로부터 발생해야 합니다. 그렇기 때문에, 신은 자신의 근거를 신 속에 지니고 있지만, 그러나 결코 거기에 절대적으로 현존하거나 현존해야 하는 것으로가 아니라, 오히려 다른 현존재인 인간 속에서 살아 있는 것의 수단이자 조건으로서만, 그리고 이 살아 있는 것의 지속적인 진보를 통해 점점 더 지양되어야만 하는 것으로서만 지니고 있습니다. 그렇기 때문에 자기 스스로 '자연철학'이라는 이름을 붙이고, 자연을 절대화하고 신격화하면서 지금까지의 〔364〕 모든 철학들을 능가한다고 생각하는 어떤 철학에 현혹되거나 그것으로 인해 오류를 저지르는 일이 없도록 하십시오.[16] 모든 시대를 돌이켜보면, 이론적인 모든 오류들뿐만 아니라 인간의 인륜적인 모든 부패상들도 다음과 같은 사실에 근거하고 있다는 것을 알 수 있습니다. 바로 그것은 즉자적으로 존재하지 않거나 현존하지 않으면서, 자기 자체 내에 죽음을 지니고 있는 것에서 삶과 삶의 향유를 추구한 것에게 존재와 현존재라는 이름을 그 철학이 부여해주었다는 사실에 근거해 있습니다. 따라서 그와 같은 철학은 진리에 이르는 진보의 발걸음과는 거리가 멀며 단지 오래되고 가장 널리 유포되어 있는 오류로 되돌아가버리고 맙니다.

6) 지금까지의 명제들에서 제시된 모든 것을 인간만이 보편적으로 통찰할 수 있습니다. 인간 스스로가 근원적이며 신적인 삶의 거기 세움〔서술〕이기 때문입니다. 그래서 예를 들어 우리는 어떤 근거들로부터 연유하거나 진리에 대해 더딘 감각으로부터 도출되었다 해도 그것을 통찰했을 뿐만 아니라 그럴듯하다고 생각한 것입니다. 왜냐하면 가장 중요한 문제들에 대해 완벽한 해결의 열쇠가 있기 때문입니다. 인간은 위에서 제시된 것을 통찰할 수 있습니다. 다시 말해 '거기

세움'은 그것Daß의 관점[17]에서 절대적 확신을 가지고 이 근원Ursprung을 모사하면서 다시 자신의 근원으로 되돌아갈 수 있습니다. 그러나 이 근원을 결코 반복할 수는 없으며 사실상 참되게 그 근원을 다시 만들어낼 수도 없습니다. 왜냐하면 '거기 세움'은 영원히 '거기 세움'으로만 남을 뿐이며 결코 그 자신으로부터 벗어나서 본질로 변화될 수는 없기 때문입니다.

7) 우리가 말했듯이, 인간은 그것Daß의 관점에서 본질을 통찰할 수 있지만, 결코 어떻게Wie의 관점에서 본질을 통찰할 수는 없습니다. 단 하나의 신적인 삶이 어떻게, 왜 그렇게 규정되어 있으며 계속 흘러가는 시간적 삶을 산출하는지, 이 점을 우리는 단지 시간적 삶의 모든 부분들을 완전히 파악하여 모든 측면에서 철저하게 해석해서 그것들을 통일성의 개념으로 소급하며 이 통일성의 개념을 단 하나의 신적인 삶과 같은 것으로 생각함으로써 파악할 수 있을지도 모르겠습니다. 그러나 이렇게 지속적으로 흘러가는 시간적 삶은 끝이 없으며, 이 시간적 삶의 모든 부분들을 파악하는 것도 결코 완결될 수 없습니다. 그러나 파악하기das Begreifende 그 자체가 시간적 삶이며, 우리가 시간적 삶을 사유하려고 하는 모든 시점들에서 유한성과 제한에 얽매여 있습니다. 시간적 삶은 [365] '거기 세움'을 중단하지 않거나 신적인 본질 자체로 스스로를 변화시키지 않는다면 유한성과 제한에서 벗어날

수가 없습니다.

8) 후자로부터 다음과 같은 결론이 나오는 것 같습니다. 즉 시간적 삶은 일반적으로 앞에서 우리가 파악한 바처럼 그의 본질에 따라서 파악될 수 있으며, 단 하나의 근원적이며 신적인 삶의 거기 세움으로 파악될 수 있습니다. 그러나 시간적 삶은 본래적 내용에 따라서 보자면 특수자 속에서 직접적으로 생동성을 부여받으며 체험되어야 하고, 이러한 체험 속에서 이 체험에 따라서만 표상과 의식에서 모사될 수 있을 것입니다. 그리고 시간적 삶은 인간적 삶의 어떤 관점이나 특정한 일부분을 통해 현실적인 성격을 지니게 됩니다. 무한한 전체적인 시간의 흐름을 관통하여 인간적 삶의 각 부분에는 무언가가 남겨지는데, 그것은 바로 개념 속에서 완전히 발생하지 않기에 어떤 개념에 의해 재촉될 수도 대체될 수도 없는 그런 것입니다. 오히려 이 어떤 것은 의식 속에 들어와서 거기서 직접적으로 생기를 얻어야 하는 것입니다. 이것을 사람들은 단순하고 순수한 경험의 영역이라고 합니다. 앞에서 언급된 철학은 마치 이 철학 자신이 전체 인간의 삶을 개념 속에서 해소시킬 수 있고 경험을 대체할 수 있는 듯한 모습을 띠면서 스스로 전도된 형태를 취하며 삶을 철저히 설명하려는 노력을 하는 동안에 오히려 삶 자체를 상실해버립니다.[18]

9) 나는 지금까지 시간적 삶의 특정한 부분에 따라 특정한

어떤 관점에서 시간적 삶이 어떠한가에 관해 말했습니다. 또 다른 관점에서 시간적 삶의 또 다른 부분에 따라 본다면, 사정은 그와는 다를 것입니다. 그 이유를 나는 비유적으로 표현하겠지만 이는 좀 더 주의를 기울일 필요가 있습니다.

시간적 삶은 단지 개별적 계기들뿐만 아니라 동종의 전체 무리에서도 시간 속으로 등장하기도 하는데, 현실적인 삶의 개별적인 계기들 속에서 또다시 전개되는 것이 바로 그러한 동종의 전체 무리Masse입니다. 유일한 단 하나의 시간이 있지 않고, 오히려 여러 시간들이 있습니다. 〔366〕 시간의 배열들 너머의 시간의 배열도 있고 시간의 배열들 내의 시간의 배열도 있습니다. 그래서 예를 들면 인류의 총체적인 현재의 지상의 삶이 바로 그러한 동종의 무리로서, 이 무리는 단번에 시간 속으로 온전하게 등장했으며 어느 곳에나 편재하면서 분리되지 않고 전체로서 현존하고, 세계사에서 좀 더 심오한 감각에게, 즉 감성적 현상에게 여전히 퍼져나가고 있습니다. 삶의 이 동종의 무리가 지닌 보편 법칙과 규칙들은 이 무리가 시간 속에 나타난 연후에 파악될 수 있으며, 이 무리의 전체 흐름을 위해 미리 통찰되거나 제시될 수 있습니다. 그 이유는 객체들이, 다시 말해 삶을 저지하고 방해하는 것들이 직접적으로 경험될 수 있기 때문인데, 여기서 이 무리는 삶을 저지하고 방해하는 것들을 극복하고 퍼져나갑니다.

10) 삶의 동종의 무리가 지닌 인식 가능한 이 법칙들은, 현

실적인 결과 이전에 미리 인식될 수 있으며, 필시 삶이 어떠하며 어떠해야 하는가와 관련된 삶 자체의 법칙들로서 현상하기 마련입니다. 그리고 이 법칙들은 그 자신에 거하고 있는 자립적인 시간적 삶의 원리로 향하고 있으며, 이 원리는 거기서 자유Freiheit로서 현상해야만 합니다. 따라서 이 원리는 살아 있는 것의 자유로운 행위와 행동을 위한 법칙들로 현상해야만 합니다. 우리가 이 입법의 근거로 되돌아가보면, 이 근거는 신적인 삶 자체에 놓여 있고, 신적인 삶은 시간 속에서 자신을 달리 나타낼 수도[표현할 수도] 거기 세울 수도[서술할 수도] 없었던 것입니다. 왜냐하면 우리에게 여기서 입법으로 현상하는 것과 동일한 방식으로 신적인 삶은 자신을 나타내기 때문입니다. 그리고 앞서 제시된 개념에서 드러난 바처럼, 결코 맹목적인 폭력Gewalt을 수단으로 명령을 내리거나 복종을 강요하는 입법으로 나타나지는 않습니다. 오히려 이와 같은 입법을 우리는 무의지적인 자연에서 가정할수 있습니다. 신적인 삶은 입법 자체에 의해 삶으로 제시되는 삶에게 입법으로 나타나며, 입법에 의해 제시되는 이 삶은 그로부터 삶의 뿌리가 완전히 근절될 수가 없기 때문에 그의 자립성도 박탈될 수가 없는 것입니다. 따라서 우리가 앞에서 말한 바처럼, 근거가 되는 신적인 삶은 자유라는 것에서 신적인 법칙으로, 다시 말해 인륜법Sittengesetz으로 나타납니다.

더 나아가 우리가 이미 앞에서 살펴본 것처럼, 이 삶은 근원적인 신적 존재의 법칙에 따라서 보면 유일하게 참된 삶이자 그 삶의 근원성Ursprünglichkeit입니다. 이 삶 외의 다른 모든 삶은 이 삶을 저지하고 방해하는 것이며, 〔367〕 그 자체로 참된 삶이 스스로를 전개하고 자신의 힘으로 스스로를 거기 세우기 때문에 그 외의 모든 삶은 현존하게 됩니다. 그렇기 때문에 다른 모든 삶은 자기 자신으로 인해 현존하지 않으며, 오히려 참된 삶이라는 목적을 위한 수단으로 현존합니다. 이성만이 수단과 목적 간의 결합을 파악할 수 있으며, 자신을 '목적을 염두에 두고 있는 오성Verstand'이라고 생각합니다. 합법칙적인 인간의 삶은 신 속에 근거하고 있습니다. 따라서 사람들은 우리의 오성에 비유해서 신을 '인간의 인류적 삶을 유일한 목적으로 사유하는 자'라고 생각합니다. 그리고 이 목적을 위해 신이 스스로를 거기 세웠으며, 이 목적을 위해 이 인류적 삶 외의 모든 것들을 현존하게 했다고 생각합니다. 그러나 마치 인류적 삶 자체가 즉자적으로 존재하거나, 마치 신이 유한자처럼 그렇게 사유하거나, 현존재가 현존재의 모습으로부터 구분된다는 듯이 생각하면 안 됩니다. 오히려 우리는 여타의 다른 방식으로는 그 관계를 파악할 수 없기 때문에 그렇게 표현한 것입니다. 그리고 마땅히 그러해야 하는 바처럼, 절대적으로 필연적인 이 표상 방식에 따라 인간적 삶은 세계를 산출함에 있어서는 신의 이념과 근본 사상이 되고, 그것의 수행을 신이 세계를 통해 마련해놓은 그러한 의도와 계획이 되는 것입니다.

따라서 여러분, 어떻게 신적인 이념이 세계의 근거가 되며, 어느 정도로 어떻게 보통의 눈에는 숨겨져 있는 이 이념이 도야된 심사숙고를 통해 파악되고 접근 가능한가 하는 점은 우리의 목적상 충분히 설명되었다고 봅니다. 그리고 도야된 심사숙고에게 이 〔신적인〕 이념이 다음과 같은 것으로, 즉 인간이 자유로운 행위를 통해 세계 속에 산출해야만 하는 그런 것으로 필연적으로 현상할 수밖에 없는지도 충분히 설명되었습니다.

여러분은 이러한 당위와 자유로운 행위에 처했을 때 여러분의 사유를 익히 알려져 있는 정언명령에 제한하지 마십시오.[19] 또 여러분의 사유를 협소하고 옹색하게 적용하지도 마십시오. 협소하고 옹색하게 적용하는 일은 보통의 일반적인 윤리론이나 도덕의 체계들에서 해야 합니다. 하나의 윤리론이 도출될 만큼 철학적 추상의 법칙으로 잘 정초되어 있는 근거들을 토대로, 사람들은 〔368〕 '어떤 것은 오직 법칙으로 인해 단적으로 순수하게 발생한다'라는 도덕의 형식을 그렇게도 오랫동안 유지해오고 있습니다. 그리고 사람들이 법칙이 지닌 내용으로 나아가게 되면, 그때 본래의 주요 의도가 마치 다음처럼 보이기도 합니다. 즉 그들이 다른 이들보다 정의를 행한다기보다 오히려 부정의를 행하는 것처럼 생각되기도 한다는 것입니다. 또한 '규칙이 모든 이들에게 동일한 방식으로 적용되어야 한다'라는 그러한 보편성의 측면에서 의무론을 고수해야만 하는 경우도 발생합니다. 그리고 이러한 이유 때문에, '인간이 무엇을 행해야 한다'는 것보다는 '무엇을 행해서는 안 된다'는 지시를 받기도 합니다. 그러나 이 모든 것들도 신적인 이념이기는 하지만 좀 더 근원으로부터 멀어진 파생된 형태를 취하는 것으로서, 결코 신선한frisch 근원성의 상태에 있는 것은 아닙니다. 다른 사람들보다 신에 의해 영감을 받은 사람들이 대부분의 경우 시간 속의 특정한 관점을 지닌 근원적인 신적 이념을 더 잘 알리며 그것을 충실히 실행합니다. 신적인 인간이 행하는 것 자체는 신적입니다. 신에 의해 직접 영감을 받은 자들이 마땅히 그러해야 하고 현실적으로 그렇게 행하는 바이기도 하지만, 일반적으로 보자면 근원적이면서 순수하게 신적인 이념은 현상의 세계에 대해 창조적이며 이전에는 전혀 현존하지 않았던 전대미문의 새로운 것을 산출해냅니다. 단순히 자연적인 현존의 충동Trieb은 옛것을 고집하며, 심지어 신적인 이념이 자신과 통합되어 있을 때조차도 그러합니다. 그리고 자연적인 현존의 충동은 지금까지 유지되어온 좋은 상태를 그대로 유지하려 하고 기껏해야 기존의 상태를 아주 조금만 개선하려 합니다. 그러나 자연적인 충동과 섞이지 않고 순수하게 삶을 획득하는 곳에서 신적 이념은 옛것의 폐허 위에다 새로운 세계를 건립합니다. 새롭고 위대하고 아름다운 모든 것은 이미 태초에 세계에 존재했고 세계의 종말에 이르기까지 계속 등장할 것으로서 세계에 출현해왔고, 선택받은 개별자들 속에서 부분적으로나마 표현되어온 신적인 이념을 통해서 앞으로도 계속 나타날 것입니다.

인간의 삶이 감성계에 있는 신적 이념의 유일한 직접적 도구이자 기관인 것처럼, 동시에 바로 그 인간적 삶이 이 도구나 기관이 작용하는 최초의 직접적 대상이기도 합니다. 인류의 지속적인 도야 과정은 신적 이념을 목표로 삼습니다. 그리고 이념에 사로잡힌 모든 이들도 이 계속적인 도야 과정을 목표로 삼습니다. 이 후자의 관점으로 인해 우리는 〔369〕 그 작용 범위를 고려하여 신적 이념을 나눌 수 있습니다. 또한 우리는 그 자체로는 나눌 수 없는 단 하나의 이념을 좀 더 많은 이념들로 사유할 수도 있습니다.

우선, '진실로 유일하며 불가분적인 인간적 삶 자체'는 현상에서 수많은 개인들의 병렬적인 삶으로 분산됩니다. 그리고 수많은 개인들 각자는 자신의 자유와 자립성을 지니고 있습니다. 단 하나의 살아 있는 것이 이렇게 분리되는 과정이 바로 자연의 섭리이며, 참된 삶을 방해하고 저지하는 것이기도 합니다. 그리고 신적인 이념에 따라 존재하며 마땅히 존재해야 하는 삶의 통일성이, 자연에서 자연과의 투쟁을 통해 자유롭게 스스로를 형성하고 도야해 나감으로써 그와 같은 분리가 현실화됩니다. 인간적 삶은 자기 자신을 통일성으로 살아 있게 하고 분리된 개인들 모두가 삶 자체를 통해 같은 심정으로 융화되기 위해, 자연을 통해 일자Eins가 된 것은 아닙니다. 자연적인 상태에서는 이 개인들의 상이한 의지들이 서로 다투고 저지하며, 의지를 통해 운동되는 자연의 힘들도 또한 그러합니다. 신적인 이념 속에서는 사정이 그렇지 않으며, 이 이념에 따라서 보자면 감성계에서도 그러한 상황이 계속되어서는 안 됩니다. 결코 단순한 자연에 근거하지 않고 새로운 창조를 통해 비로소 세계 속에 등장한 최초의 위력 Macht은 바로 국가를 세우고 많은 국가들 간에 법적인 관계를 마련하는 것입니다. 세계에서 개별적인 힘들 간에 발생하는 그와 같은 다툼은 보편적 인류를 통해 완전히 지양될 때까지 그렇게 오랫동안 나타납니다. 국가나 법적인 관계들이 마련됨으로써, 거기에 구속되어 있는 모든 개별적인 힘에게는 국가나 법적 관계에 속하는 영역이 지시되고, 이 영역은 국가나 법적인 관계들에 제한되며 동시에 모든 낯선 침해들로부터 안전하게 보호됩니다. 국가와 같은 제도는 신적 이념 속에 있었으며, 신적 이념으로부터 영감을 받은 사람들에게 힘입어 세계에 도입된 것입니다. 그리고 그러한 제도는 동일한 동인에 의해 세계 속에서 유지되며 완전한 상태에 도달하기까지 계속 진보할 것입니다.

게다가 자기 자신과의 투쟁 상태로부터 협력하는 상태로

고양되는 이러한 인류는 몰의지적인 자연으로 둘러싸여 있습니다. 자연은 인류의 자유로운 삶을 [370] 계속적으로 제한하고 위협하며 협소하게 만듭니다. 그래서 이 삶은 자기 본연의 자유를 통해서 자신의 통일 상태를 획득해야만 할 것입니다. 감성적 삶의 힘과 자립성은 신적 이념에 따라 계속적으로 자신을 발전시켜야만 합니다. 이를 위해서는 자연력들이 인간의 목적에 종속되어야 합니다. 그렇게 되면 이 자연력들이 그에 따라 작용하는 법칙들을 우리가 인식하고 미리 그 힘들의 표현 상태를 헤아릴 수 있을 것입니다. 게다가 자연은 인간에게 단순히 유용하고 쓸모 있는 것만은 아닙니다. 동시에 자연은 부단히 인간 주변을 둘러싸고 있으며 인간의 고귀한 존엄성이 각인刻印된 것을 수용해야 하며, 모든 측면에서 그렇게 각인된 것을 인간을 향해 비춰주어야 합니다. 이렇게 자연을 지배하는 힘은 신적 이념 속에 놓여 있었고, 이 이념 덕분으로 이념에 사로잡힌 개인들을 통해 중단 없이 확장됩니다.

끝으로, 인간은 단지 감성계에만 자리하고 있지 않으며, 그의 현존하는 본래적 뿌리는 우리가 살펴보았듯이 신 속에 있습니다. 감성과 감성적 충동에 휘둘리게 되면, 신 속에 있는 삶에 대한 의식은 인간에게 쉽게 은폐될 수 있습니다. 그렇게 되면 인간은 고귀한 본성을 누릴 수 있음에도 불구하고 참된 존엄과 삶을 향유하지도 못하고 자기 자신과의 투쟁과 반목, 불화와 불행에 처하여 살아가게 됩니다. 인간이 그 삶의 참된 원천을 의식하고 이 원천에 즐겁게 몸을 담그고 스스로를 바치게 되면 비로소 인간에게 평화와 기쁨과 지복이 넘쳐나게 됩니다. 모든 인간이 이렇게 기쁨을 주는 의식을 지니게 되어 무미건조한 유한한 삶을 무한한 삶으로 꿰뚫어 그 속에서 향유할 수 있다는 사실은, 바로 신적 이념 속에 놓여 있습니다. 그렇기 때문에 예로부터 영감을 받은 이들은 이러한 의식을 가능한 한 가장 순수한 형태로 인간들 가운데에서 확대시키기 위해 힘든 일들을 감내해왔고 앞으로도 그러할 것입니다.

앞서 언급한 것들이 작용하는 영역들은 입법의 영역, 자연 인식과 자연 지배의 영역, 종교의 영역입니다. 이 영역들은 (371) 가장 보편적인 것들로서, 이것들 속에서 신적 이념은 감성계에 있는 인간을 통해 외화되고 거기에 세워집니다(현시됩니다). 여기서 알 수 있는 바는, 이러한 주요 분지들 제각각이 또다시 자신의 개별적 부분들을 지닌다는 것이며, 주요 분지들이 지니는 개별적 부분들 속에서 이념은 개별화되어 계시될 수 있다는 것입니다. 이것들에 신적인 이념의 학문을 포함시키면, '신적인 이념이 있다'는 그것daß뿐만이 아니라, 전체나 개별적인 특수한 부분들에서 이념의 내용을 다루는 학문들도 있게 됩니다. 더구나 분명하게 인식된 이념을 감성계에서 현실적으로 거기 세우는(현시하는) 예술과 숙련도 있습니다. 이상과 같은 두 가지, 즉 학문과 예술은 신적인 이념의 직접적 추동에 의해서만 획득될 수 있습니다. 이렇게 해서 우리는 이념이 인간 속에서 외화되어 나타나는 주요한 다섯 가지 종류들을 지니게 됩니다.[20]

한 시대의 상황하에서 우리가 이 이념 혹은 이들 이념들을 획득하도록 하는 도야의 방식을 우리는 '학문적 도야gelehrte Bildung'라고 칭했으며, 이 학문적 도야를 통해 현실적으로 열 망하던 것을 획득한 이들을 그 시대의 '학자'라고 칭했습니 다. 그리고 오늘 강의에서 말한 바를 통해 여러분들은 좀 더 쉽게 우리가 취하는 학문의 다양한 분야들을 이념으로 소급 하거나, 그로부터 도출해야만 하며, 그렇게 해서 우리의 요 구를 보다 쉽게 적용할 수 있어야 합니다.

초보 학자 일반에 대하여
특히 재능과 노력에 대하여

〔372〕인간 내면의 고유한 힘을 통해 자립적이며 인격적인 삶이 만들어지고 이 자립적인 삶 속에서 지속하는 것이 이념이며, 이 자립적인 삶을 매개로 인격적인 삶 밖의 세계가 그에 따라 형성됩니다. 자연적 인간은 자신만의 고유한 힘을 통해서는 초자연적인 것das Übersinnliche에로 고양될 수가 없습니다. 그는 〔자신의 힘만이 아니라〕초자연적인 것 자체의 힘을 통해 거기로 고양되어야 합니다. 인간 속에서 이렇게 자기 자신을 형태화하며 유지하는 이념의 삶은 '사랑'으로 현시됩니다. 무엇보다도 그 진실성에 따라서 보면, 이 사랑은 '이념의 이념 자신에 대한 사랑'이라고 할 수 있고, 현상 속에서는 '이념을 향한 인간의 사랑'이라고 할 수 있습니다. 우리는 첫 번째 강의에서 이러한 사실을 제시한 바 있습니다.

이러한 사정은 보편적으로 모든 사랑에 해당됩니다. 학자가 거기까지 고양되어야 하는 이념의 인식에 대한 사랑도 사정이 다르지는 않습니다. 이념 자체에 대해서나 특히 이념 고유의 명증성에 대한 이념 일반의 사랑은, '이념에 사로잡히고 이념이 자신의 소유물로 차지한 인간'에게서는 '이념의 인식'으로 등장합니다. 그리고 이 사랑은 '성숙한 학자'에게 특히 완전한 명증성을 띠고 나타납니다. 또한 '초보 학자'에게서는, 이념이 이 개인 속에서 이러한 상황에서 획득할 수 있는 그와 같은 명증성을 얻고자 애쓰는 방식으로 나타납니다. 첫 번째 강의에서 제시된 전체 계획에 따라 우리는 우선 초보 학자에 대해 말하려고 합니다.

무엇보다도 초보 학자에게서 이념은 자기 자신을 특정한 형태로 파악하려고 애씁니다. 그리고 이념은 다양한 표상들이 끊임없이 출렁이는 상황에 처하려고 하며, [373] 이 다양한 표상들은 계속 바뀌어가면서 초보 학자의 영혼에서 서로 간에 충돌을 일으킵니다. 초보 학자는 이렇게 노력함으로써 그에게 아직 알려지지 않았으며 어떤 명확한 개념으로도 그가 진술할 수 없는 앎에 대한 예감에 사로잡힙니다. 그리고 초보 학자는 그가 파악한 모든 것들이 옳지 않다는 사실을 느끼게 됩니다. 그렇지만 그가 보기에 옳은 것에서 벗어나는 것이 무엇인지도 그는 분명하게 말하지도 못하며, 옳지 않은 것을 대체할 옳은 것이 어떤 성질을 지녀야 하는지에 대해서도 그는 분명하게 말하지 못합니다. 초보 학자에게서 발생하는 이러한 이념의 노력은 그 후 초보 학자 자신의 삶이 되고 이 삶의 최상의 가장 내밀한 추동력Trieb이 됩니다. 그리고 이러한 노력은 지금껏 감성적으로 유아론적이며 단지 개인적인 보존이나 동물적인 만족의 상태를 지양했던 충동을 대신하게 됩니다. 이 충동을 통제하면서 이것이 유일한 근본 충동이 아니라고 부정하지만, 그러나 지금까지처럼 현재하는 개인적 욕구는 충족되기를 원할 것입니다. 그런데 이 욕구 충족은 지금까지처럼 현재하는 욕구가 제거된 후에는 더 이상 남아 있지 않을 것이며, 지속적인 사상으로도, 눈앞에서 사라지지 않는 고요한 심사숙고의 대상으로도, 사유하는 본질의 모든 행위와 작위의 원동력으로도 남아 있지는 않을 것입니다. 감성적인 자연[본성]이 자신의 정당함을 유지해온 것처럼, 해방되고 새로운 힘으로 무장한 사상도 자신이 빠져 있는 낯선 세계로부터 외적 강제나 지시 없이 완전히 자신의 힘으로 다시 자신의 고향으로 되돌아가고, 그 목표점으로부터 예감할 수는 있지만 아직 알려지지는 않은 것이 그에게 비춰주는 그러한 길로 나아갈 것입니다. 이 알려지지 않은 것을 향해 그는 부단히 나아가게 됩니다. 그러나, 창작을 하고Dichten 그것을 향해 분투하는 가운데 그의 최상의 정신적 힘들은 길을 잃어버리기도 합니다.

앞에서 서술했듯이 사람들은 분명히 알려지지 않은 정신적인 어떤 것을 향한 이 추동력을 천재Genie라고 부르며, 좋은 이유에서 추동력을 그렇게 부릅니다. 추동력은 초자연적인 것으로서, 인간 내면에서 다른 초자연적인 것을 향해 나아갑니다. 이것은 바로 이 추동력이 정신적인 세계와 함께 지니고 있는 유사성을 암시하며, 이 정신적인 세계에 있는 근원적인 고향ursprüngliche Heimat을 암시하기도 합니다. 우리는 그 자체로 신적 이념 일반을 그 근원적 통일과 불가분의 상태로 (374) 얻고자 애쓰는 추동력이 똑같이 근원적으로, 그리고 감성계에서 특정한 개인이 최초로 현상할 때 형태화된다고 가정할 수도 있습니다. 이 경우 이 개인은 이념을 오직 어떤 한 접촉점Berührungspunkt에서만 우선 파악할 수 있고 이 접촉점으로부터 시작해서 전체 속으로 점차 파고들 수 있을 것입니다. 아니면 개인에게 이 본래적 접촉점이 그에게 제시되는 다양한 재료들에서 개인의 힘이 비로소 전개되는 동안에만 도야되고, 이 접촉점이 충분히 발전된 힘의 계기들에서는 우연히 나타나는 그러한 재료들에 언제나 속하게 된다는 사실을 우리는 가정할 수도 있습니다. 우리가 이 두 경우 중 어느 것을 가정하건 간에, 내가 말하고 싶은 것은, 현상에서 '현실적으로 자신을 표현하고 어떤 것을 파악하는 추동력'은 항상 자신을 '그 자체로 불가분적인 단 하나의 이념의 어떤 특수한 측면을 위한 추동력'으로 현시할 것이라는 점입니다. 아니면 우리가 지난 강의에서 논의한 바에 따라 오해를 두려워하지 않고 말할 수가 있다고 한다면, 이 추동력은 모든 가능한 이념들의 영역에서 하나의 특수한 이념을 위한 추동력으로 자신을 현시할 것입니다. 또는 만일 이 추동력이 천재라고 불린다면, 천재는 항상 철학과 시, 그리고 자연 관찰이나 입법 등등의 영역에서 하나의 특수한 천재로 현상할 것이며, 결코 보편적인 의미에서 천재로 나타나지는 않을 것입니다. 첫 번째 가정에 따르면, 이렇게 특수한 천재는 자신의 규정성 속에서 특수자로 태어납니다. 두 번째 가정에 따르면, 천재는 우연한 도야의 과정을 거쳐 특수한 분야에서 천재가 된 것입니다.[21] 이 두 입장들 사이에서 [어느 한 쪽을 선택하는] 결정을 내리는 일은 우리의 당면한 과제의 한계를 벗어납니다.

두 입장들 사이에서 어떻게 결정이 내려지는가 하는 것은 일반적으로 모든 경우에 있어 분명한데, 즉 그중 하나는 이른바 천재가 거기 있는지를 밝혀내기 위해 잠정적으로 정신적인 도야가 불가피함을 인정하는 것이며, 개념과 인식으로 일을 처리하고 다루는 최초의 지시가 불가피함을 인정하는 것입니다. 더구나 이 경우에는 특수자 속에서 다양한 성질을 지닌 여러 가지 종류의 개념들을 인간에게 가져와야 하는 필연성도 분명해집니다. 따라서 타고난 특별한 천재가 그것들 [다양한 성질을 지닌 여러 가지 종류의 개념들]로부터 그에 적합한 종류의 [375] 소재를 끌어내든지, 아니면 타고난 천재가 아닌 자가 다양성 속에서 특별한 소재를 골라내든지 해야 할 것입니다. 앞날에 나타날 천재는 이미 무엇보다도 이 정신적 도야에서 드러납니다. 그와 같은 추동력은 앎의 추동력으로서, 우선 오직 앎으로서의 앎과만 관계하며 단적으로 알려고 하는 일에만 관계하며 앎의 욕망Wissbegierde으로 나타납니다.

그러나 우리를 매혹하는 수수께끼를 신속하게 추적하는 경우나 아니면 이 수수께끼를 풀기 위해 다행스럽게도 예감을 하는 상황에서, 이 추동력이 가시적으로 밖으로 드러난 연후에라도 항상 지속적인 노력과 중단 없는 연구가 필요합니다. 우리는 종종 다음과 같은 질문을 던지곤 합니다. 즉 '학문에서 가장 요구되는 것은 자연적인 재능인가 아니면 노력인가'라는 질문이 바로 그것입니다. 나는 다음과 같이 대답합니다. 즉 재능과 노력 양자가 통합되어야 한다고 말입니다. 그 둘 중 다른 하나가 없이 어느 하나만 있다면, 그것은 아무 쓸모가 없게 됩니다. 자연적인 재능이나 천재는 '자신을 형태화할 수 있는 이념의 추동력' 외의 다른 것이 아닙니다. 그러나 이념은 그 자체로는 어떤 내용이나 구체적 형태를 띠지 않습니다. 오히려 이념은 노력이 가져다주는 그 시대의 학문적인 여건으로부터 비로소 구체적인 내용을 마련합니다. 또한 노력이라는 것도 알고 보면 건립되어야 하는 구체적인 형태에게 이러한 여건과 기초들을 제공하는 것 외에 다른 일을 하는 것이 아닙니다. 노력은 이 여건들과 기초들을 유기적으로 결합시켜 거기에 생동적인 혼Seele을 불어 넣지는 못하며, 이러한 임무는 자연적인 재능으로 계시되는 이념에게 전적으로 남겨집니다. 참된 학자 속에서 생명을 지니게 된 이념이 주변 세계 속으로 침투해 들어간다는 사실은 이념의 형태화의 목적이기도 합니다. 이념은 고귀한 삶의 원리가 되어야 하고, 주변 세계의 가장 내밀한 혼이 되어야 합니다. 그렇기 때문에 이념은 주변 세계가 지니고 있는 것과 동일한 몸뚱이Körper를 취해야만 했던 것입니다. 이념이 자리하고 있는 이 몸뚱이 속에서 각각의 사지四肢들은 자의적으로 매번 자신의 목적을 향해 움직이고, 건강한 모든 이들은 자신의 손과 발을 움직일 수 있습니다. 그가 학문적 도야의 길에 접근할 수 없다거나, 아니면 게으르고 교만한 자만으로 인해 그 길을 무시하기 때문에 내재적인 천재가 형태를 갖추어가는 [376] 도중에 멈추는 경우에는, 천재와 천재가 속한 시대 사이에는 메울 수 없는 틈이 발생하며, 후자로부터 결과되는 것처럼, 그의 도야의 모든 지점에서 그가 속한 시대와 다른 모든 시대 그리고 전 인류 사이에도 메울 수 없는 틈이 발생하게 됩니다. 그렇게 되면 상호 영향을 주고받는 수단도 차단되어버립니다. 그 속에 있을지도 모르고, 좀 더 엄밀하게 표현하자면 지속적인 도야의 과정 중에 찾아올 수도 있는 것을 그는 자기 자신에게나 다른 이들에게 분명하게 알려줄 수가 없게 되며, 자기 행동의 숙고된 규칙으로 만들 수도 없으며 세계 속에 실현할 수도 없습니다. 이념

의 참된 삶의 두 가지 필수적인 구성 부분이 그에게는 결여
되게 됩니다. 이 두 가지 필수적인 구성 부분은 명증성Klarheit
과 자유Freiheit입니다. 명증성의 경우를 보면, 그에게는 이념
의 삶의 근본 개념이 투명하게 드러나질 않습니다. 그리고
이념으로 향하는 모든 지점들에서, 즉 그가 신성으로부터 그
의 영혼으로 직접적으로 이행하는 지점인 가장 내밀한 뿌리
에서부터 그가 관여하고 현실 세계 속에서 스스로를 형성해
야 하는 모든 지점들에 이르기까지 그가 모든 조건들하에서
받아들여야만 하는 모든 특수한 형태들에 따라서 그 근본 개
념이 새롭게 개정되어야만 합니다. 명증성으로부터 발생하
며 명증성이 없다면 결코 존재하지 않는 자유의 경우는 다
음과 같습니다. 그는 그에게 나타나는 모든 현상에서 첫눈에
그 현상 속에서 개념이 취하고 있어야만 하는 형태를 인식하
지 못하며, 이를 위해 우리가 사용해야만 할 도구를 알지도
못합니다. 그리고 그는 이 도구를 자신의 자유로운 위력으로
지니지도 못합니다. 우리는 그를 '몽상가Schwärmer'라고 부르
며, 이것이 그에게 적합한 이름이기도 합니다. 이와는 반대
로 자신 속에서 이념이 스스로 완전하게 모습을 갖추도록 하
는 그러한 사람은 자기 본연의 광원光源이기도 한 이념으로
부터 전체적인 현실을 간파하고 그러한 본연의 광원의 관점
에서 현실 이념을 내적으로 꿰뚫어 봅니다. 그는 자신의 이
념과 어떤 식으로든 관련이 있는 것을 이념으로부터 이해합

니다. 그 자체로는 정당하지만 그에게는 정당함이 여전히 부족한 그러한 것이 어떻게 발생하고 어떤 방식으로 정당화되어야만 할 것인지를 그는 이념 자체로부터 이해합니다. 게다가 그는 이렇게 정당화하는 수단을 자신의 자유로운 위력 속에 지니고 있습니다. 그런 다음에라야 그 속에서 이념이 완전하게 형성되고, 그는 성숙한 한 명의 학자가 될 수 있습니다. 학자가 자유로운 예술가freier Künstler로 이행하는 그 지점이 바로 학자가 완성되는 지점이기도 합니다. 따라서 천재가 드러나고, 스스로를 형태화하고 〔377〕 이념의 삶이 가시화되고 이 형태화가 완성된 후에도 여전히 지속적인 노력이 필요합니다. 학자가 완성된 후에 예술가의 도야의 시기가 시작된다는 사실, 그리고 이 도야의 시기도 노력을 필요로 하며 끝이 없다는 사실, 이러한 사실들은 우리가 여기서 다루고 있는 과제의 영역에 속하지는 않지만, 지나는 길에 잠깐 상기하고자 합니다.

천재가 드러난 후에도 노력이 필요하다고 내가 말할 때 이 말은 무엇을 의미하는 것일까요? 마치 내가 노력의 필요성을 지시하거나 전문가의 입장에서 판정하고 증명해 보이는 데에 노력을 의존하게 만듦으로써 부족한 부분을 산출해내려는 듯한 기대를 하는 것일까요? 이보다는 오히려 천재가 현실적으로 출현한 곳에서는 노력도 저절로 생기며 꾸준한 상승적 과정을 통해 증대되고, 이 노력이 초보 학자를 부단히 완성의 상태에 이르도록 추동한다고 보아야 합니다. 이와 반대로 노력이 없는 곳에는 천재도 없으며 가시화된 이념의 추동력도 없고, 가장 평범하고 무가치한 것이 그 자리를 대신하게 됩니다.

이념은 개인적인 장식물이 아닙니다. 왜냐하면 개인 그 자체는 결코 이념 속에 있지 않기 때문입니다. 오히려 이념은 전체 인류 속으로 흘러넘치고자 애쓰며, 전체 인류를 새롭게 소생시키고 자신에 따라 변혁시키고자 애씁니다. 이것이 이념의 지속적인 성격입니다. 그리고 이러한 성격이 없는 것은 이념이 아닙니다. 따라서 이념이 하나의 삶을 획득하는 곳에서, 이념은 개인적인 삶이 아니라 자기 고유의 내재적인 삶을 통해서 이렇게 억제할 수 없을 정도로 보편적으로 작용하려고 애쓰는 것입니다. 이념은, 이념에 사로잡힌 모든 이들에게 내재한 개인적인 감성적 본성이 지닌 의지와 의사에 반하여, 이 모든 이들을 지속적인 도구로 삼아서 보편적인 작용의 상태로, 그런 작용을 하기 위해 필요한 숙련의 상태로 추동해 나아가며, 이념을 획득하기 위해 필요한 노력을 하도록 추동해 나아갑니다. 개인의 결심을 전혀 필요로 하지 않고 전적으로 자신의 힘으로 이념은 중단 없이 작용하며 스스로를 발전시킵니다. 이 발전은 이념이 이러한 조건들하에서 획득할 수 있는 형태들 가운데 주변 속으로 침투해 들어가는 생동적인 형태를 갖추기까지 계속됩니다. 학문적 도야를 지속하는 데 사용할 수 있는 현존하는 도구들을 논하는 이 자리에서는, 이 도구들이 있지도 않고 [378] 개인이 그것을 사용할 수도 없다고 하는 두 번째 경우는 고찰될 필요가 없습니다. 내가 말한 첫 번째 경우에도, 개인이 이념이나 천재와 유사한 어떤 것을 지니고 있다는 자의식에 머문다면, 이미 그에게는 이념이나 천재가 있지 않으며, 오히려 그와 동일한 다른 이들 앞에서 평범하지 않은 것을 가지고 치장하려고 하는 교만한 본성만이 있을 뿐입니다. 그렇게 거만한 본성은 우선 자신이 지니고 있는 여러 고유한 성격들이나 장점들을 자기 스스로 주시하는 데에서 표현되며, 그리고 다른 이들의 개인적인 성격이나 재능들을 대부분의 경우 경멸 어린 시선으로 바라보는 것을 즐기는 태도에서 표현됩니다. 이와 반대로 이념에 의해 부단히 추동되어 나아가는 이들은 우쭐하여 자기 자신을 생각할 시간조차 없으며, 사태에 대한 자신의 모든 감각을 이 사태를 수행할 수 있는 자신의 재능과 견준다거나 아니면 다른 사람의 재능과 헛되이 견주는 일을 하지는 않습니다. 어떤 재능이든 현존하는 재능은 사태를 주시하지 결코 재능 자신을 주시하지는 않습니다. 건강한 시선은 객체에게만 매달리지 자기 자신을 곁눈질로 흘겨보지 않는 것처럼 말입니다. 따라서 그렇게 교만한 본성 속에서는 이념이 결코 살아 있지 않습니다. 그들을 생기 있게 만들고, 우리가 그들에게서 주목하는 바와 같은 부지런하고 재빠른 민첩

함으로 나아가도록 하는 것은 도대체 무엇입니까? 그들에게 영감을 주며 그들을 추동하면서 자극하고 천재 대신 그들을 뒷받침해주는 것은 바로 그들의 노골적인 거만함과 자만심, 무모한 의도입니다. 그들은 자연적인 재능의 측면에서 자격이 없음에도 불구하고 마치 비범한 본성을 지닌 양 행동합니다. 이것들을 유발하는 것은 도대체 무엇입니까? 그리고 특히 예술가의 특징이라고 할 수 있는 모든 참된 이상의 배타적인 기준과 명증성, 자유, 신중함 등에 주의를 기울이지 않으면서, 순수하고 명확한 상태에 있지 않은 보통의 눈에 마치 이념인 것처럼 보이는 것은 무엇입니까? 그것은 그들 자신이 임의로 고안해낸 것이거나 착상을 하여 만들어낸 것으로서, 그들은 자신들이 그렇게 만들어낸 것을 전혀 이해하지 못하고 있으며, 그것이 새롭고 눈에 띄고 역설적으로 나타나면서 아주 그럴듯하게 보이기를 바랄 뿐입니다. 그러면서 그들은 그들 자신들이나 아니면 다른 이들이 그 속에서 어떤 의미를 발견해낼 것이라고 희망하면서 운명을 믿고 모험을 감행하는 것입니다. 또는 우리가 애초의 형태를 거기서 〔379〕 그렇게 쉽게 재발견해내지 못하도록 아주 기술 좋게 비틀고 꼬고 조여서 표절을 합니다. 동일한 것을 다시 반복해서는 안 된다는 것을 가르쳐주는 주의의 관점에서 보자면, 그들은 그렇게 표절된 것의 애초의 진실한 고향Heimat을 모독하는 것이며, 그렇게 모방을 하게 되면 당신들의 것을 반복하는 것인지 아닌지를 스스로 검토해보려는 솔직함에 생각이 미치지 않습니다.

한마디로 이것은 자기 주시Selbstbeschauung와 자기 찬미 그리고 자기 청찬과 같은 말로 표현할 수 있습니다. 후자의 표현은 내재화되어 있어서 관찰자의 시선 앞에서는 조심스럽게 숨겨져 있는 것입니다. 이것들로부터 유발된 게으름과, 학문적 도야의 저장고 속에 이미 있는 것을 경멸하는 태도는 진정한 재능의 결핍을 확실히 증명해 보입니다. 사태 속에서 자기 자신을 생각하지 않고 망연자실하며, 사태에 대한 사상에 앞서 자기 자신에 대한 어떤 사상도 지니지 못하는 것은 바로 그러한 재능이 결핍되어 있기 때문입니다. 그런데 이와 같은 일은 모든 참된 재능에 항상 따라 다닙니다. 이로 인한 결과는, 모든 참된 재능은 특히 이 재능이 최초의 발전 과정 후에 성숙되고 난 다음에는, 부드러운 겸손과 수줍은 듯한 순결함으로 둘러싸인다는 것입니다. 재능 자체는 자기 자신에 대해 아는 바가 거의 없습니다. 재능은 자기 자신을 의식하기 전에 이미 존재하며 작용을 미치고 있고, 조용히 위력을 확산하면서 계속 존속하는 것입니다. 얼마나 재능이 그에게 어울리며 재능 자체는 어떤 것인지 하는 점에서 항상 자기 자신을 주시하거나, 무엇보다도 특히 자신의 재능을 발견하는 사람은 그리 많지 않습니다.

따라서 만일 우리 중에 누군가가 자신의 만개滿開한 재능을 발견하였다고 한다면, 여러분이 이념에 사로잡히고 싶은지 않은지에 대해 자신을 시험해보라는 보편적인 요청을 할 수도 있을 것이고, 이를 통해 이 재능의 예민한 수치심과 겸손의 마음을 약화시킨 것이 바로 나라고 생각할 수도 있을 것입니다. 그러나 오히려 나는 여러분들이 방금 진술된 물음에서 제시된 '자기 시험Selbstprüfung'이라는 것을 하지 말라고 적극적으로 당부합니다. 그리고 이 주장이 단순히 교수자의 명민함이나 더 멀리 내다보는 신중함의 결과로 나온 것이라기보다 오히려 절대적인 필연성의 결과로 이해되기 위해 내가 덧붙일 말은, 어느 누구도 이렇게 제시된 질문들에 대해 자기 스스로 대답하지 못하며, 또한 다른 사람들도 이 질문들에 대해 확실한 대답을 가지고 있을 수 없다는 것입니다. 그리고 〔380〕 방금 말한 '자기 시험'과 같은 상황이 벌어질 때에는 진리는 나타나지 않으며, 반대로 젊은이는 앞서 말한 자기 주시와 자애에 넘치는 자기 자신에 대한 심사숙고로 이끌리게 될 것입니다. 그런데 장기간 자기 주시를 하게 되면 누구든 지적으로뿐만 아니라 도덕적으로도 근본적으로 타락하게 됩니다. 숨은 재능이 학습을 통해 아직 나타나지 않았다는 사실을 우리가 인식할 수 있는 많은 표식들이 있습니다. 그리고 우리는 앞으로 오늘 내가 말한 것과는 대립하는 것을 통해 가장 주목할 만한 것들을 진술할 수 있는 동기를 발견할 것입니다. 그러나 재능이 현존해왔는지 그렇지 않은

지를 결정하는 기준은 오직 한 가지뿐입니다. 이 유일한 결정 기준은 완료된 성과가 나타난 후에야 비로소 적용 가능합니다. 진정한 의미에서 참으로 한 사람의 완성된 학자와 예술가가 된 사람은, 매우 투명하게 비치는 하나의 이념으로부터 자신의 세계를 포괄하면서, 이 이념으로부터 자신의 세계의 모든 관점에 자유롭게 스며들어갈 수 있습니다. 이 사람은 이전부터 재능을 가지고, 이념에 붙잡혀 있었던 것입니다. 이러한 사람들에 대해 말해져야 하는 점은, 바로 그가 이념에 사로잡혀 있었다는 사실 바로 그것입니다. 수고로운 연구도 하지 않고 성인이 되어 이념으로까지 고양되지 못한 사람은 재능이 없었던 것이며, 이념과 어떤 접촉도 하지 못했던 것입니다. 그리고 그도 이제 이러한 사실을 알게 됩니다. 하지만 아직 연구의 과정 중에 있는 사람은 이러한 사실들을 전혀 알지 못합니다.

사물들에게 필연적인 성격을 부여하여 현명하게 배치할 만한 재능이 자신 속에 있는지 여부를 정확히 알 수 없는 '연구하는 젊은이'는, 자신 속에 현존하는 것이 마침내 반드시 드러나리라 믿고 계속해서 꾸준히 행동하는 수밖에 없습니다. 그리고 만일 재능이 있다면 그 재능이 드러날 수 있는 조건이나 상황을 모든 것들 중에, 모든 것들 속에 그가 마련해 놓는 수밖에 다른 방법이 없습니다. 그리고 그는 지칠 줄 모르는 노력과 자신의 온 마음을 진심으로 다하는 자세로 그에게 주어지는 학문적 도야의 모든 수단을 파악하는 수밖에 없습니다. [381] 가장 좋지 않은 경우가 발생한다면, 그것은 연구의 결말에서 자신이 축적한 방대한 양의 지식으로부터 단 한 줄의 이념의 섬광도 자신에게 비치지 않을 때입니다. 그러나 이 경우에 적어도 그는 천재보다 더 필요 불가결한 '하나의 의식'을 가지게 됩니다. 위대한 천재를 가지고는 있지만 이 의식이 없는 사람은 의식을 지닌 사람보다 더 가치 있다고 할 수 없습니다. 여기서 말하는 이 하나의 의식은, 그가 더 이상 연구하는 과정 중에 있지 않으면 재능이 그 속에 없을 것이며, 그가 머무는 장소는 그가 즐거이 복종할 신의 의지라는 사실에 대한 의식입니다. 재능은 어느 누구의 마음도 끌지 못합니다. 왜냐하면 재능은 신성의 자유로운 선물이기 때문입니다. 그러나 신실信實한 노력과 자신의 본성에 몰두하는 일은 모든 사람의 마음을 끌 수 있습니다. 또한 이 철저한 성실성 자체야말로 가장 보편적인 형태로 표현된 신적인 이념이며, 신실한 마음은 항상 신성과 소통합니다.

고귀한 것을 향하는 성실한 노력을 통해 얻어진 학문적 지식들은, 항상 보다 더 고귀한 도야의 상태를 위해 쓸모 있는 도구로서 그를 형성해 나아갈 것입니다. 그리고 보다 더 고귀한 도야의 상태는 이념을 지니게 됨으로써 도달됩니다. 모든 일을 기꺼이 하고 질투와 시기심이 없이, 그리고 그가 아직 도달하지도 못한 보다 고귀한 것을 향한 괴로운 분투도 없이, 그는 이러한 것들을 자신에게 굴복시키고 그에게 이미 또 다른 본성이 된 신의信義를 바탕으로 자신에게 맡겨진 일들을 수행하는 데 헌신할 것입니다. 그는 자신의 사명을 인간이 처할 수 있는 어떤 상황들 속에서도 가장 최후의 최상의 것으로 완수했다는 확신을 가지면서 그렇게 할 것입니다.

연구의 성실성에 관해

〔382〕 모든 이들이 진정한 학자가 되어, 세계의 신적 이념이 이 학자 속에서 한편으로는 명증성을 지니게 되고, 다른 한편으로는 이념이 이러한 상황들 속에서 획득할 수 있는 이 학자가 주변 세계에 미치는 영향을 신적 이념이 지녀야 한다면, 이 이념 자체는 자기 고유의 내적 힘을 통해 학자를 사로잡고 그를 부단하게 목표를 향해 전진할 수 있도록 해야 합니다.

우리는 진정한 학자의 본질을 서술하면서, 초보 학자 또는 연구자〔학생〕에 대한 묘사를 하고 있는 중입니다.

초보 학자나 연구자〔학생〕가 이미 참으로 이념에 사로잡혀 있다면, 다시 말해 그가 천재와 진정한 재능을 갖추고 있다면, 그는 우리의 모든 지시를 초월한 상태에 있는 것입니다. 이렇게 되면 우리도 관여하지 않을 뿐만 아니라 그 자신도 관여함이 없이 이 재능은 그 속에서 자신의 사명을 달성할 것입니다. 이 경우에 어떤 사항들이 말해질 수 있는가는 지난 강의에서 모두 다 개진된 바가 있습니다.

그러나 지난 강의에서 살펴본 바처럼, 초보 학자는 우리가 재능이라고 말할 때 그 말이 지니고 있는 의미에서 참으로 재능을 자신이 지니고 있는지 어떤지를 스스로 결정할 수 없습니다. 또한 그 대신 다른 사람이 그러한 결정을 해주거나 그의 영혼 속으로 들어가서 결정을 해줄 수도 없는 노릇입니다. 따라서 초보 학자는 마치 자신 속에 재능이 숨겨져 있기라도 한 것처럼 그렇게 내적이며 완전한 성실성Rechtsschaffenheit을 갖추어 행동하는 것 외에 다른 도리가 없습니다. 그리고 내적으로 숨은 재능은 언젠가는 결국 한 번은 밖으로 드러나게 됩니다. 연구의 성실성처럼 현존하는 현실적인 재능조차도 그렇게 표현되는 것입니다. 재능과 성실성은 현상 속에서 다시 합치하며 완전히 일치하게 됩니다.

초보 학자와 관련해 적어도 탐구될 수 없는 재능의 특징을 제외한다면, 〔383〕 우리는 연구에서 성실성의 표현들만을 완전하게 진술할 수 있습니다. 그리고 우리는 옳은 방법으로 연구하는 사람들의 특정한 상Bild을 확실하게 제시할 수도 있습니다. 성실한 연구자는 우리가 보기에 진실한 연구자 일반이며, 이 두 개념은 서로 일치합니다.

우리가 지적한 바처럼, 성실성 일반은 그 자체로 신적인 이념이며, 모든 인간들에게 요구되고 가장 보편적인 형태로 표현되는 신적인 이념이기도 합니다. 따라서 성실성은 이념 일반처럼 내재한 고유의 힘을 통해 작용합니다. 개인의 사사로운 사랑의 관여 없이, 이 개인적인 자기애를 부정하면서, 성실성은 우리가 지금까지 천재에 대해 말해온 것과 마찬가지로 사람들 속에서 하나의 고유한 삶으로 형성되며, 사람들을 저항할 수 없을 만큼 몰아붙이며, 모든 사유와 행위를 포괄합니다. 내가 말한 바처럼, 그의 행위라는 것은 다음과 같은 것입니다. 즉 이념으로서의 성실성은 외적으로 자유롭게 보이는 인간의 행위를 직접적으로 규정하는 실천적 이념입니다. 이와 반대로, 천재는 우선 내재적이며 통찰에 영향을 미칩니다. 참으로 재능을 가지고 있는 사람은 다행히 성공적으로 연구를 진행할 것이며, 숙고된 대상들로부터 도처에서 빛과 명증성이 그를 비출 것입니다. 성실히 연구에 매진하는 사람이라 해도 이러한 행운이 확실하게 보장되는 것은 아닙니다. 그러나 적어도 그가 행운을 지니고 있지 않다고 단정할 수도 없고, 그는 자신이 할 수 있는 일들 중 어떤 것도 등한시하지 않고 성취할 것입니다. 그리고 비록 그가 성공하지 못했다고 하더라도, 그는 스스로 존엄하게würdig 된 것입니다.

생동적이며 지배적인 태도가 된 성실성은 이 태도가 지배하고 있는 개인들과 관계하며, 이 개인들을 하나의 특정한 입법의 상황에 있는 것으로, 단적으로 어떤 사명을 위해서 실존하고 있는 것으로 봅니다. 그리고 이 개인들을 보다 고차적인 목적을 위한 수단으로 봅니다. 인간은 마땅히 어떤 것으로 존재하고 행위해야 하며, 그의 시간적 삶은 사멸하지 않고 영원한 결과를 정신세계에 남겨야 합니다. 각각의 특수한 개인의 삶은 〔384〕 그 개인 자신에게만 해당되고 그만이 요구한 특수한 결과입니다. 그래서 성실한 사람은 시간 속에서의 모든 개인적인 삶을 주시하고, 특히 그와 가장 가까이 있는 삶을 자신의 삶으로 간주합니다. 그리고 이 성실성이 생동적인 이념이 되게 하는 사람은 그와는 다른 방식으로 인간의 삶을 생각할 수가 없습니다. 이 견해로부터 그는 출발을 하며 항상 이 견해로 돌아와 자신의 모든 견해를 여기로 향하게 합니다. 그가 그러한 법칙에 복종하고 자신의 사명이라고 인식하는 사명을 완수하는 한에서만, 그는 자기 스스로 참고 견딜 수가 있는 것입니다. 보다 고차적인 목적을 지향하지 않으며 이 목적을 달성하기 위한 수단으로 밝혀지지도 않은 자신 속의 모든 것을 그는 경멸하고 미워하며 이 모든 것이 없어지기를 바랍니다. 그는 개인적인 인격 자체를 신성의 사상으로 간주하며, 그의 사명과 그의 현존의 목적은 신성이 그를 사유하는 것과 마찬가지입니다. 성실한 자가 〔그 이념에 대해〕 이러저러한 말들을 사용한다고 하더라도 바로 이것은 성실성의 이념일 뿐입니다.

앞에서 상기한 것처럼, 단순한 성실성 자체는 특히 연구의 성공이나 스스로 세운 외적 목적의 다행스러운 달성을 확실하게 보장할 수는 없습니다. 그러나 이 상황에서도 성실성은 확실하게 자신의 목표를 향해 전진하는 이념의 자립적인 힘을 표현하며, 성실한 연구자가 성실한 태도를 견지하면서 이 성실성을 확고히 하고 그것을 증대시킴으로써 행운의 성공을 거둘 것이라는 사실은 성실한 연구자에게 확실히 보장되어야 합니다. 성실한 연구자는 올바른 길을 따라 전진하는 과정에서는 자신을 훈계하거나 격려할 필요가 점점 더 없어질 것이며, 재발하는 나쁜 쾌락과 싸워야 하는 일도 점점 더 없어질 것입니다. 오히려 성실한 연구자는 정당하며 합법적인 사유 방식과 견해를 저절로 가지게 될 것이며 이러한 태도가 그를 지배하게 되어서 제2의 본성이 되어버릴 것입니다. 당신이 추진하려는 일을 성실하게 추진하고, 만일 당신이 연구를 하고 있다면 당신의 연구를 성실하게 추진하십시오! 여기서 예로 제시된 연구처럼 당신이 추진하려는 일에서 당신이 성공할지 어떨지 여부는 신에게 맡기십시오! 그리고 〔385〕 당신이 성실하게 일에 착수한 만큼 그렇게 확실하게 당신은 그 일을 신에게 믿고 맡길 수 있습니다. 성실성 자체와 의연한 침착함, 내면적인 기쁨과 깨끗한 양심을 지닌다면 당신은 틀림없이 성공할 것입니다.

앞에서 언급한 것처럼, 성실한 연구자는 대체로 '자신의 개인적인 지유로운 삶'이 '신성의 영원한 사상'에 의해 절대적으로 규정되어 있다고 생각합니다. 연구에 성실한 자는 특히 자기 자신을 이 신성의 사상에 의해 규정되어 있다고 보고, 세계의 성실성이라는 신적 이념이 그를 사로잡고 그 속에서 특정한 명증성과 그 주변 세계에 미치는 특정한 영향을 유지하도록 한다고 생각합니다. 성실한 자는 그렇게 자신의 사명을 파악합니다. 왜냐하면 그 속에 학자의 본질이 있기 때문입니다. 그리고 신성이 그의 삶에 대해 어떤 의도를 가지고 있으며, 그가 자신의 모든 자유로운 행위를 이 의도에 따라 착수해야만 한다고 전제하면서 성실하게 그가 자신의 연구에 확실하게 임한 만큼, 그는 다음과 같은 사실을 확실하게 전제합니다. 즉 그가 한 사람의 학자가 된 것은 신적인 의지 때문이라는 것입니다. 우리 자신이 자유와 숙고를 통해 학자라는 이 신분을 선택했거나, 아니면 다른 이들이 우리를 대신해서 이 신분을 선택하거나, 우리로 하여금 학자가 되기 위한 준비를 하도록 하여 학자 아닌 다른 모든 신분이 될 가능성을 우리에게서 배제해버렸다는 것 등은 여기서 중요하지 않습니다. 신분을 선택하는 일이 일상적으로 일어나고 대부분의 경우 일어날 수밖에 없는 젊은 시절에는, 아직 시도도 되지 않고 재능이 발전되지도 않은 상태에서 학자의 능력을 가지고 있는지 여부를 스스로 결정할 만큼 성숙한 사리 분별력을 어떻게 모든 사람들이 가질 수 있겠습니까? 우리가 사리분별을 하게 되면 이미 그때 바로 신분 선택이 결정되어 있다고 볼 수 있고, 이 점에서 신분의 선택은 우리의 간섭 없이 결정되는 것입니다. 왜냐하면 우리는 신분 선택을 할 경우에 추가로 할 일은 전혀 없기 때문입니다. 그리고 이렇게 선택되고 나면, 이제 우리는 더 이상 돌이킬 수가 없습니다. 이 필연성은 우리의 자유가 전위되어 있는 필요 불가결한 조건들과 더불어, 더 나아가 우리에게 있는 신적 의지와 완전히 동일한 가치를 지닙니다. 신분의 선택이 결정될 때 다른 이들이 실수를 저지른다고 한다면, 그것은 우리의 실수가 아닐 것입니다. 우리는 실수를 할지 안 할지 여부를 결정할 수 없으며, 그러한 일이 있을 것이라고 전제해서도 안 됩니다. [386] 만일 실수가 발생한다면, 우리의 능력이 닿는 한에서 그 실수를 다시 보완하는 것이 우리의 소임이 될 것입니다. 어떤 경우에도 필연성이 각자에게 지정해준 위치에서 그 위치에 적합한 일을 모든 이들이 각자 해내는 것이 바로 신적인 의지라고 할 수 있습니다. 우리는 학문적인 연구를 하는 처지에 있습니다. 따라서 우리는 우리 자신을 초보 학자로 간주하며 이 초보 학자라는 개념에 속해 있는 가장 중요한 것은 확실히 신적인 의지입니다.

흔들리지 않는 확실성을 지닌 사상이 모든 성실한 연구자들의 영혼을 사로잡고 가득 채우고 있습니다. 이 사상은 바로 다음과 같은 것입니다. 내가 그렇게 부르고 있는 바와 같이, '나'라는 사상Gedanke은 이 특정한 개인을 가리키는데, '나 속에 있는 세계에 대한 신의 영원한 결정'이 지금까지 완전히 은폐되어온 또 다른 측면에 의해 시간 속에서 사유되고 명확하게 되며 세계 내에 간섭하기 위해 이 '나'라는 것이 현존하며 현존하게 되었다는 사상이 그것입니다. 이렇게 되면 신은 다시는 소진될 수가 없습니다. 나의 인격성과 결부되어 있는 신적인 결정의 이 유일한 측면만이 나에게 참으로 존재하는 것입니다. 그 외에 내가 나에게 아직도 남겨둔 그 나머지 모든 것들은 꿈이자 그림자이며 무Nichts입니다. 오직 신적인 결정의 이 유일한 측면만이 나에게 사멸하지 않는 영원한 것이고, 나머지 모든 것들은 무로 사라지며, 이 무로부터 그 모든 것들은 겉으로 보기에만 출현한 것이지 결코 진리에 따라 출현한 것은 아닙니다. 이 사상이 그의 전체 영혼을 충만하게 합니다. 그 사상이 그 자체로 분명하게 사유되고 언표되는지 여부와는 상관없이 말입니다. 거기서 분명하게 사유되고 언표되고 원해지고 의지되는 다른 모든 것들은 그의 최상의 전제들로서 이 사상으로 환원될 수 있으며, 오직 이 사상으로부터만 설명될 수 있으며, 이 사상의 전제하에서만 가능한 것으로 생각될 수 있습니다.

그가 지닌 모든 사유의 이 근원원리Urprinzip를 통해서 그는 자기 자신이 되며, 그의 활동의 대상인 학문은 그에게 모든 것을 능가하는 존귀함과 신성함을 지니게 됩니다. 그렇게 해서 그 자신이 존귀하고 신성하게 됩니다. 그는 신의 뜻을 부분적으로 함께 사유할 수 있고 이를 다른 비가시적 규정들에 앞서 먼저 세계에 소개해야 하는 자신의 사명의 탁월함에 교만하게 의존하거나 이 사명을 스스로 고찰하면서 개진하지도 않습니다. 〔387〕 그렇기 때문에 그는 다른 사람들보다 자신의 인격을 더 나은 것으로 존경하지도 않습니다. 개인의 숭고함 때문이 아니라 신적 이념의 숭고함이 그에게 보다 분명하게 나타나기 때문에, 그는 우리에게 다른 사명들보다 더 탁월한 인간의 사명 중 하나로 보이는 것입니다. 인간은 그것이 어떤 종류이든지 간에 자신의 사명을 성실하게 수행하는 것 외에 어떤 고유의 가치도 지니지 않습니다. 그리고 여기서 사명의 종류와는 전혀 상관없이 모든 이들은 서로 다를 바가 없게 됩니다. 이 점에 관해 초보 학자는 자신이 연구의 본래 목적을 성취하고 이념을 획득할 수 있을지를, 그러한 숭고한 사명이 그 자신의 사명인지를 아직 모릅니다. 오히려 초보 학자는 그 사명의 가능성을 전제해야만 하는 상황에 묶여 있을 뿐입니다. 우리가 아직 논의하지 않은 완성된 학자는 자신이 목표한 바를 성취한 후에야 비로소 자신의 사명을 실제로 인식할 수 있습니다. 그러나 완성된 학자도 그가 포착한 이념의 요구를 계속적으로 실행하고 수행해야 합니다. 그리고 이러한 일은 그의 삶의 마지막 순간까지 지속될 것이며, 완성된 학자는 비록 그러한 고찰들이 이미 그 자체로 쓸모없는 것이 아니라고 하더라도 자기 사명의 탁월함에 우쭐하지는 않을 것입니다. 모든 교만은 사람들이 안정되고 완성된 상태에 있다고 믿는 바에 근거합니다. 그렇기 때문에 교만은 그 자체로 무실하고 모순적입니다. 왜냐하면 우리가 어떠한 상태로 있다는 것과 이 상태에서 영원한 생성 과정이 지속된다는 것, 이러한 상태로 우리는 실제로 존재하지는 않기 때문입니다. 신적인 이념 속에 있는 우리의 참되고 직접적인 존재는 되어감〔생성〕의 요구로, 그때마다 존립하는 우리 자신의 존재의 부인으로 부단히 등장합니다. 그래서 이념으로 인해 우리는 참으로 겸손하게 되고, 이념의 위엄 앞에서 우리는 한껏 자세를 낮추게 됩니다. 교만한 자는 교만 자체를 통해 오히려 그가 굴종하게 된다는 것을 증명합니다. 왜냐하면 누구든 타자가 필요할 테고, 그가 어떤 것이라고 믿기 때문에 그는 진실로 자신이 아무것도 아니라는 사실을 보여주기 때문입니다.

따라서 연구자〔학생〕는 제시된 사상을 통해 자신 스스로 신성하고 무엇보다 존경을 받을 만하게 됩니다. 〔388〕 그가 〔현재〕 무엇이라는 점에서가 아니라 그가 〔당위적으로〕 무엇이 되어야 하며 계속해서 되어야 하는지라는 점에서 그는 이렇게 신성하고 존경받을 만하게 되는 것입니다. 인간의 본래적인 자포자기는 그가 시간적이며 무상한 것의 수단이 될 때 발생하며, 불사의 영원한 것과는 다른 어떤 것에 염려와 수고를 할 만하다고 취급받을 때 발생합니다. 이러한 관점에서 각자는 자기 자신에게 존경할 만하고 신성하게 되어야 하며, 연구자도 마찬가지입니다.

연구하는 청년들 여러분, 도대체 당신은 무엇을 위해 이처럼 크건 작건 항상 수고가 필요한 노력을 학문에 기울이는 것입니까? 당신이 기꺼이 당신의 사상들이 이리저리 떠돌게 허용할 때에도 당신은 그렇게 주의를 기울입니까? 당신이 쾌를 전혀 느끼지 못하는 많은 향락Genuß을 거부하나요? 당신의 대답은 다음과 같습니다. '내가 앞으로 언젠가 궁핍하지 않으려고', '나는 좋은 생활 조건과 안락한 생계를 유지하고 그것을 음미할 수 있기 위해서', '나의 동료 시민들이 나를 존경하도록', 그리고 '내가 나의 희망을 성취하는 데 나의 동료 시민들을 쉽게 움직일 수 있게 하려고'라고 말입니다. 그런데 나는 묻고 싶습니다. 그의 보호와 안녕에 당신이 매우 깊은 관심을 두고 그러한 것들을 위해 지금도 여전히 과로를 하고 희생을 감내하는 이 '당신Du'이란 도대체 누구입니까? 바라던 보호를 받을 수 있을지 여부도 아직은 매우 불확실하지만, 만일 그렇게 된다고 하더라도, 당신은 이 '당신Du'을 수년에 걸쳐 돌보아야 합니다. 마침내 그 모든 것의 끝[목적]은 무엇일까요? 모든 보호[돌봄]에는 끝이 있을 것이며, 보호받는 사람은 소멸하고 유골이 될 것입니다. 이를 위해 당신은 지루하고 항상 그와 같은 형태로 반복되며 종종 짜증나기도 하는 삶의 일들을 시작하려고 하는 것입니까? 그리고 이를 위해 당신에게 삶이 부과한 부담을 안고 여전히 신중하게 삶을 힘든 상태로 만들려고 합니까? 나는 적어도 이러한 조건하에서 그 끝을 소설Roman과 똑같이 시작하는 것이며, 오늘도 여전히 내가 조만간 묻히게 될 나의 무덤 속으로 가고 있는 것입니다. 또한 특기할 만한 것으로 보이기는 하지만 전혀 근거 없이 당신은 다음과 같이 대답할 수도 있습니다. '나는 나의 이웃들에게 쓸모 있는 사람이 되고 싶고 그들의 안녕을 촉진하고 싶다'라고 말입니다. 이에 대해 나는 다음과 같이 질문합니다. '도대체 당신의 유용성은 무엇을 위해 사용되는가?'라고 말입니다. 몇 년이 지난 후에, 당신이 그들을 위해 쓸모 있게 되기를 원하고, 〔389〕 내가 당신에게 다음과 같이 자발적으로 용인해주는 것처럼, 당신이 그렇게 봉사를 할 사람들 중에는 한 사람도 더 이상 현존하지 않을 것이며, 어떤 누구도 당신의 유용성으로부터 최소한의 이익조차 받을 수 없게 될 것입니다. 당신은 당신의 노고를 사멸하는 것에 사용한 것입니다. 당신의 노고는 사라져버리며 당신도 그 노고와 함께 사라져버립니다. 그리고 당신의 현존이 남긴 모든 흔적조차 마모되어버릴 시간이 오고야 맙니다. 그래서 존엄한 연구자는 그가 성실성의 원리를 통해 자신의 과업에만 임할 때 그렇게 하지를 않습니다. 그는 자신에게 '나는 존재한다Ich bin'라고 말합니다. 그러나 내가 존재하는 만큼 확실하게, 나는 신성Gottheit의 사상을 통해 현존합니다. 왜냐하면 신성만이 현존재Dasein의 원천Quelle이며 신성이 없다면 어떤 현존재도 없기 때문입니다. 내가 이 사상을 통해 이 사상 속에서 존재하는 바처럼, 나는 모든 시간에 앞서 존재하며 모든 시간과 시간의 변화로부터 독립해서 이 〔현존의〕 상태를 유지합니다. 이 점을 인식하려고 나는 노력을 기울입니다. 이 점을 인식하려는 과정에서 나는 내 전체 힘을 사용하려고 합니다. 이처럼 내 전체 힘이 영원한 것에 사용되면 그것의 결과도 영원한 것에 남게 됩니다. 〔이렇게 해서〕 나는 영원하게 되며〔영원히 존재하며〕, 그가 사멸하는 것에 자기 자신을 낭비하는 상태가 영원한 것의 존엄하에 있게 됩니다.

동일한 원리로 연구자에게는 그의 활동의 대상인 학문이 존중할 만한 것이 됩니다. 초보 학자는 이제 막 학문의 영역에 들어서면서 그에게는 이상하고 임의적이며 사소하고 초라하게만 보이는 많은 것들과 마주칠 수도 있습니다. 초보 학자는 그의 필연성의 근거나 그 자신이 아직 조망하지 못하는 학문의 전 영역에 미치는 영향 등을 파악할 수가 없습니다. 전체의 부분들만을 겨우 끼워 맞출 수 있는 초보자가 그가 아직 지니고 있지 못한 전체로부터 어떻게 설명을 할 수가 있겠습니까? 어떤 한 사람이 그가 파악할 수 없는 것을 무시하며 경시하면 아무것도 모른 채 그 상태대로 있게 됩니다. 반면에 삶에서 어떤 일에 그것이 유용할 수 있다고 맹목적으로 믿고 희망을 가지는 어떤 다른 사람은 그것을 기계적으로 배우게 됩니다. 그러나 성실한 연구자는 그것을 학문으로부터 지니게 된 보편적인 이념 속에서 존엄하고도 고귀하게 파악합니다. 성실한 연구자에게 발생하는 일은 모든 경우에 다음과 같은 것에 속합니다. 즉 신적 이념이 이 성실한 연구자를 포괄하도록 정해져 있는 그러한 범위와, [390] 영원한 것이 그 자신 속에서 형성되어 가면서 하나의 형태를 획득해야 하는 그러한 소재에 속합니다. 재능과 성실성, 양자가 부족한 이에게는 학문이 단순한 수단이나 어떤 세속적인 목적을 획득하는 일로 생각됩니다. 이에 비해 성실한 심정만으로 학문에 헌신한 사람에게 학문은 신적인 것에 직접 접촉하는 최고의 분야로서 나타날 뿐만 아니라, 가장 눈에 띄지 않는 예비 지식에 이르기까지 신성 자체의 영원한 이념에서 사유되고 완결되고, 특히 그를 위해 그와의 관계에서 사유된 것으로 나타납니다. 이렇게 해서 학문은 그에게 작용하며 이 작용을 통해 영원한 전체의 세계체계 속에서 완성됩니다.

그래서 그에게 그의 인격은 학문의 신성함에 의해 더욱더 신성해지며, 학문은 또다시 그의 인격의 신성함에 의해 더욱더 신성해집니다. 그의 전체 삶은 겉으로는 하찮게 보이지만 내적으로는 완전히 다른 의미와 새로운 중요성을 지녀왔습니다. 이러한 그의 삶으로부터 무엇이 도출되는지 여부와 상관없이, 그 무엇은 항상 신적인 삶입니다. 그리고 이 [신적인] 삶을 나누기 위해 연구자에게나 어떤 인간적 작업들에 특수한 재능이 필요한 것은 아닙니다. 오히려 여기에는 생동적인 선한 의지만이 필요한데, 이 의지에는 우리의 고귀한 사명과 영원한 법칙에 대한 우리의 종속이라는 사상이 그로부터 도출되는 모든 것과 더불어 이미 저절로 열리게 됩니다.

연구자의 성실성은
어떻게 표현되는가

〔391〕내가 이 자리를 통해 재개하는 강의들은 이와 관련한 여러 상황들이 좋지 않은 가운데 시작되었습니다. 우선, 나는 〔내가 다루고자 하는〕 대상을 어떤 관점에서부터 파악해야만 할 것인데, 모든 연구자들이 이처럼 어떤 탁월한 관점을 애써 준비해야 할 필요는 없을 것입니다. 어떤 종합대학교Universität에 새로 임명된 교수자는 〔그 대학교에서〕 공개적으로 유포되고 있는 학문적 도야〔교양〕의 수준을 실제로는 알 수가 없습니다. 또한 우리 앞에 오랫동안 뚜렷하게 현존해온 수단이 그러한 학문적 도야에 사용되었다고 우리가 전제하는 것은 자연스러운 일입니다. 그러나 대중이 전반적으로는 그러한 견해를 가질 정도로 준비를 하지는 않은 상태라는 점을 내가 알면서도 그러한 사실을 전제할 수 있을지 모르겠습니다. 그러나 나는 〔내가 다루고자 하는〕 대상을 내가 그것을 파악한 대로만 파악할지도 모릅니다. 그렇지 않다면 나는 그 대상을 접촉해서는 안 될지도 모르겠습니다. 우

리는 피상적인 측면을 배회하면서 이미 수백 번이나 말해진 것을 형식만을 다르게 갖추어 반복해서는 안 됩니다. 즉 다르게 할 수 없는 사람은 오히려 완전히 침묵을 지키는 것이 더 나을 것입니다. 그러나 어떤 것을 다르게 할 수 있는 사람은, 그것을 앞서의 방식으로 다루는 것을 참지 못합니다. 더구나 그 자체로 하나의 체계적인 전체인 그와 같은 강의의 개별적인 부분들이 주중에 중단되어야 했습니다. 그리고 이 강의를 위해 특히 상기될 필요가 있는 점은, 내가 일반적으로 모든 철학 수업에서 제기한 바 있는 것으로, 그것은 바로 사람들이 강의된 것을 자신의 맥락에서 반복하고, 새로운 강의에 앞서 이미 강의된 것 전체와 그 강의의 정신에 이입해 생각해보아야 한다는 것인데, 여기서는 방해가 될까 봐 이 점을 다시 상기하지는 않았습니다. 끝으로 본 강의에서 행해진 강연은 나의 여타의 강의들처럼 완전히 자유롭지도 않으며, 말하는 어조에서 신뢰감을 가질 수 있도록 겸손의 태도를 취하지도 않습니다. 〔392〕 오히려 이 강연은 문자 그대로 다듬어진 것이고, 글로 적혀 있는 그대로 행해졌습니다. 또한 나는 이것을 예의범절에 맞게 했습니다. 나는 이 강연에 모든 외적인 교양〔도야〕을 부여해주고자 했는데, 여기서 외적인 교양은 제가 다른 작업들에 사용하는 자투리 시간이 제공해준 것입니다. 공개 강연들은 학술적인 교수자가 자유롭게 자신의 재능을 내보여주는 것입니다. 고귀한 자는 기꺼이 자신이 줄 수 있는 최선의 것을 선사합니다.

앞에서 언급된 두 가지 상황들은 회피될 수가 없습니다. 결국 남은 것은, 이 상황들이 여러분들에게 유익하지 않은 상태로부터 유익한 상태로 바뀌는 것뿐입니다. 첫 번째 상황은 나의 사적인 강의들을 찾아준 사람들에게 내가 지난 강의 시간을 통해 '철학적 견해'와 '역사적 견해'의 차이에 대해 거론한 내용입니다. 그리고 나는 이 강의 시간들을 통해 여러분들이 우리가 여기서 우리의 대상으로부터 취하는 그러한 견해를 충분히 포착할 준비가 되었으리라고 생각합니다. 오늘 나는 무엇보다도 여기서 다루는 전체를 여러분들이 그 강의 시간에 배워서 알고 있는 형식 속으로 받아들여, 그 전체를 이 형식으로 먼저 표현해보고 그 형식으로부터 이 전체를 다시 반복하고자 합니다.

인간이 자신의 고찰하에 두고 싶어 하는 것이 무엇일지라도, 그것은 이중화된 방식으로 고찰될 수 있으며, 이중화된 감각기관을 통해 고찰될 수 있습니다. 즉 단지 내적으로 손으로 만짐으로써 역사적으로historisch 고찰될 수 있거나, 아니면 심안을 통해 철학적으로philosophisch 고찰될 수 있습니다. 이와 같은 이중적인 방식으로 우리가 여기서 탐구하고 있는 대상인 학자의 본질도 파악될 수 있습니다. '역사적 견해'는 대상에 대해 현존하는 사견들을 파악하고, 그 사견들 중 가장 보편적이고 지배적인 것을 선택해서, 이렇게 선택된 것을 진리로 제시합니다. 그러나 '역사적 견해'는 어떤 진실한 것도 지니지 못하며, 요란스런 망상일 뿐입니다. 이에 비해 '철학적 견해'는 사물들이 즉자적으로 그러한 상태로 사물들을 파악하며, 다시 말해 그 세계의 근원원리Urprinzip로서 신인 순수 사상의 세계 속에서 사물들을 파악합니다. 따라서 만일 신에게 사유가 부가될 수 있다고 한다면, 신이 그 사물들을 사유하는 방식대로 '철학적 견해'는 그렇게 해당 사물들을 파악할 것입니다. '학자의 본질은 어떤 것인가'라는 것은 '하나의 철학적 질문'으로서, 이 질문은 다음과 같은 것을 의미합니다. 즉 〔393〕 '신이 사유한다고 가정하면, 신은 어떻게 학자의 본질을 사유해야 할 것인가?'라는 질문이 그것입니다. 이 〔신이라는〕 정신 속에서 우리는 제시된 질문을 취하고 이 정신 속에서 그 질문에 다음과 같이 답하였습니다. 우선, 신은 세계 일반을 그것이 존재하는 대로나 있는 대로 사유할 뿐만 아니라, 세계가 자기 스스로를 통해 좀 더 형태화되어야 하는 상태대로 그렇게 세계를 사유합니다. 세계가 존재하는 바 그것 외부에〔세계의 본질 밖에〕, 세계에 대한 신적인 사상 속에는 여전히 영원한 진보의 원칙이 있으며, 그것도 세계 내에 존재하는 최상의 것으로부터 발원된, 세계 속에 있는 이성적 존재자들로부터 발원되어 그들의 자유를 통해 전개되어 나가는 진보의 원칙이 있습니다. 세계가 그렇게 되어야 하는 방식대로 세계에 대해 그와 같이 사유하는 '신적인 사상'을 이 이성적 존재자들이 자신의 자유로운 행위를 통해 실현해야 한다면, 이 이성적 존재자들은 무엇보다도 그러한 신적인 사상을 파악하고 인식해야 합니다. 이 이성적 존재자들은 이차적인 신적 사상에 의하지 않는다면 최초의 신적인 근본 사상을 이렇게 파악하고 인식할 수 없으며, 신적인 사상이 부여된 이 이성적 존재자들이 바로 그 신적 사상을 파악할 수가 없게 됩니다. 세계를 창조한 신적인 사상 속에서 사유된 그러한 존재자들은 한편으로는 그들이 그와 같은 최초의 신적인 근본 사상을 파악해야 하기에, 이 신적 사상 속에서는 학자로서 사유됩니다. 역으로 학자들은 신적인 사상을 통해서만 가능한 존재이며, 신적인 사상을 통해서만 그것이 존재하는 그곳에서 현실적일 수 있습니다. 그리고 다른 한편으로 학자들은 신적인 사상 속에서, 세계에 대한 자신의 근본 사상인 신을 심사숙고하는 그러한 사람들입니다. 어떤 신적인 사상이 없다면 모든 시대에 현존하는 최고의 정신적 도야라는 수단을 통해 학자들은 그러한 사유로 고양되지 못합니다. 따라서 특히 학자들은 신을 그렇게 심사숙고하는 사람들이라고 할 수 있습니다.

학자인 한 인간에 관한 그러한 신적 사상은, 그 인간 자신조차도 사로잡아야만 합니다. 그리고 이 신적 사상은 자신의 삶 속에서 내밀한 영혼, 진정으로 본래적인 삶이 되어야 합니다. 이 일은 두 가지 방식으로 발생하는데, 즉 직접적으로 발생하거나 아니면 간접적으로 발생합니다. 그와 같은 [신적인] 사상이 인간을 직접적으로 사로잡는다면, 이 인간은 그러한 사상 속에서 어떤 다른 부가적 행위도 없이 자기 스스로를 통해 자신을 밖으로 형태화하여 신적인 세계 계획에 대한 그러한 인식을 갖출 수 있게 됩니다. 이때 신적인 세계 계획에 대한 그러한 인식은 이 한 사람의 개인 속에서 출현할 수 있습니다. 그의 모든 사유와 촉진하는 행동은 자신으로부터 이 [394] 목표를 향해 가장 빠른 길로 계속해서 나아갑니다. 그가 이 토대 위에서 행하는 것은 선하고 옳으며 실수가 없습니다. 왜냐하면 그것은 그 자체로 곧 신적인 행위göttliche Tat이기 때문입니다. 이러한 현상을 우리는 천재Genie라고 부릅니다. 한 개인이 이 신적인 사상의 직접적인 영향력하에 있는지 아닌지 여부는 개별적인 경우들에 있어서 결코 결정될 수 없습니다.

보편적으로 적용 가능한 두 번째 경우는 다음과 같습니다. 즉 학자인 개인에 대한 신적인 사상은 인간을 사로잡으며, 그에게 간접적으로만 영감을 주며 생명력을 부여해줍니다. 그는 자신이 아무것도 부가하지 않고 어떤 것으로 규정된 상태로서, 신성의 사상으로 인정해야만 하는 자신의 처지를 통해 자신이 [학자로서] 연구해야 하는 필연의 상태에 처해 있습니다. 그는 이 규정[사명]이 자신을 지배하는 자신의 신적인 사상이라고 생각함으로써 이 규정[사명]을 성실하게 파악합니다. 왜냐하면 우리는 '신이 우리의 현존재에 어떤 의도를 가지고 있다'라는 것을 사유라고 부르기 때문입니다. '그의 사명도 일반적으로 신적인 사상에 의해 규정된다'라는 것이 아니라, '오직 그의 사명만이 신적인 사상을 통해 단적으로 규정된다'라는 식으로 이렇게 그의 사명을 포괄적으로 파악함으로써, 그에게는 그의 인격뿐만이 아니라 소임, 즉 학문도 가장 존경할 만하고 신성하게 됩니다. 우리가 앞선 강의에서 진술했던 것은 바로 이 후자의 사상이었고, 오늘은 우리가 이 후자의 사상으로부터 보다 더 많은 것을 이끌어내고자 합니다.

학자의 사명이 지닌 신성Göttlichkeit과 신성함Heiligkeit이라는 이 사상은, 학자의 삶이 지닌 혼Seele이자, 그로부터 비롯되는 모든 것을 추동하는 추동력이며, 그것을 둘러싸고 있는 모든 것이 그 속으로 가라앉은 정기Äther이기도 합니다. 감성계에서 이것의 외화(표현)와 현상들은 곧바로 신성과 신성함이라는 이 사상에 적합하게 됩니다. 그는 이 사상과 일치되게 행동하려고 하지는 않으며, 그러한 행위를 하도록 자신을 타이르고 부추기거나 강요하지는 않습니다. 오히려 그는 (그러한 행위와는) 전혀 다르게 행동할 수가 없는 것입니다. 즉 만일 학자라는 사람이 이 사상에 어긋나게 행동해야만 한다면, 그는 자신을 타이르고 부추기며 사상을 따르도록 강요해야겠지만, 결국 성공하지는 못할 것입니다.

여기서 여러분들이 성실한 한 연구자의 이념으로부터 사상의 외적인 현상으로 이행할 때, 여러분들은 이 사실을 여러분들의 영혼 속에 확고하게 붙들어놓고 명심하십시오. 만일 [395] 여기서 우리가 강의하고 있는 것과 같은 윤리론Sittenlehre이 있다고 한다면, 우리의 윤리론은 [강제적으로] 명령하지는 않습니다. 또한 모든 철학들과 마찬가지로 우리의 윤리론도 합법칙성과 필연성 내에서 유지되며, '무엇이 거기서 결과되고 무엇이 결과되지 않는지'를 단적으로 기술할 뿐입니다. 이 윤리론이 '외부를 향한 어떤 바람'을 가지도록 허용하면서도 어떤 성공을 바랄 수 있다고 한다면, 선의 원천이 지닌 근원적인 순수성의 상태에서 '저절로 계속 솟구쳐 나오는 선의 원천'을 '메마르고 딱딱한 바위덩이'로부터 제거해버리는 꼴이 되고 말 것입니다. 즉 나무줄기의 즙을 내적으로 개선하는 일은 그 나무에서는 자랄 수 없는 '그 나무에게 낯선 열매들[성과들]'을 접붙이는 그런 허황된 기술을 통해 성공할 수는 없습니다. 그렇기 때문에 나는 겉으로 보기에 여기에 속하는 것처럼 생각될 수 있는 많은 것들을 전혀 건드리지 않을 것입니다. 그리고 나는 내가 다루는 많은 것들에 대해 여러분들이 기대치 못한 부드러운 방식으로 말할 것입니다. 그러나 동일한 측면이 다른 견해들도 허용한다는 사실과, 이 다른 견해들 속에서 그것이 보다 완고하게 말해져야만 한다는 사실을 마치 내가 알지 못하는 것처럼 말한다는 것은 아닙니다. 오히려 〔여기서 내가 부드러운 방식으로 말하려는 의도는〕 내가 여기서 현실적인 것을 오직 이상 Ideal의 신성함에서만 유지하려고 하기 때문입니다. 그리고 이때의 이상이라는 것은 어떤 깊은 타락의 상태로 전락해서는 안 되는 것입니다. 거기에 의지를 지닌 도덕의 대가가 있을 수 있다면, 여기서 우리는 외적인 동기들이 그냥 외적인 동기들로 남을 수밖에 없는 그런 통속적인 상태를 다루려고 하는 것이 아닙니다.

'어떤 신적인 사상으로서의 학자의 사명을 파악하는 것은 연구자 그 본연의 인격을 신성하고도 존엄한 것으로 만드는 일이다'라는 사실을 우리는 먼저 이야기했습니다. 학자의 인격에 대한 이러한 견해는, 학자의 외적인 삶 속에서 완전히 자명해질 것입니다. 그것도 학자가 그러한 외적인 삶을 원하거나 염려할 필요가 전혀 없이 그렇게 될 것입니다. 어떤 다른 삶은 학자의 시야에 전혀 들어오지 않기 때문에, 신성한 결백의 상태와 공평무사한 상태에서 학자가 자신의 외적인 삶을 본래적인 것으로 취급하지 않은 채 그렇게 될 것입니다.

학자의 삶을 하나의 특징으로 기술해보자면 다음과 같습니다. '학자의 삶은 통속적이고 고귀하지 않은 것과의 접촉을 피한다.' '통속적이며 고귀하지 않은 것'에 학자가 관여하게 되면, 이 '통속적이며 고귀하지 않은 것'은 학자를 퇴보시키게 됩니다. 이것은 앞서 말한 연약한 식물이 〔인간의〕 손가락이 닿을 때 움츠러드는 것과 같습니다. 사태가 그렇게 통속적이면서 비천하게 진행되는 곳에서는, 학생 여러분들은 학자를 전혀 발견할 수가 없습니다. 통속적이며 비천한 것은 그것이 학자에게 바르게 접근하기 전에 벌써 학자를 퇴보시켜 쫓아내버리고 마는 것입니다.

〔396〕 그러면 무엇이 통속적이고 비천합니까? 그러나 그는 이렇게 묻지 않습니다. 오히려 그의 내적인 감각이 모든 개별적인 경우들에서 그것을 직접 그에게 가르쳐줍니다. 학자의 아름다운 삶을 기술하고 그 삶의 모습을 기뻐하기 위해, 우리만이 그렇게 질문을 던지게 됩니다.

상상력Phantasie을 밑으로 끌어내리고, 신성한 것에 대한 취미를 둔감하게 만드는 것이 통속적이고 고귀하지 못한 것입니다. 당신이 더 이상 뻣뻣한 손으로 상상력을 어떤 목표에 따라 파괴하지 않고, 활기를 되찾아 자유롭게 상상력이 부유할 수 있도록 해줄 때, 당신의 사상이 어떤 방향을 취할지를 나에게 말해주십시오. 그리고 당신의 사상이 가장 사랑하는 고향처럼 자연스럽게 되돌아가는 그곳이 과연 어디인지를 나에게 말해주십시오. 그리고 당신이 시름을 잊고 기뻐하려 할 때 당신이 심정의 가장 내밀한 곳에서 기뻐하는 것이 무엇인지를 나에게 말해주십시오. 나는 당신에게 당신이 어떤 취미Geschmack를 가지고 있는지를 말하려 합니다. 당신의 사상이 신적인 것에 속하고 자연과 예술에 있는 모든 것에 속한다고 한다면, 당신에게 신적인 것은 두려워할 것이 아니라 친근한 것입니다. 이 자연과 예술에서 이 신적인 것은 아주 인상 깊게 장엄한 모습을 띠고 가장 직접적으로 스스로를 표현하게 됩니다. 또한 당신은 그 신적인 것 속에서 취미를 찾고, 이 신적인 것이 당신이 가장 좋아하는 향유거리가 됩니다. 당신이 지금껏 하나의 진지한 목표를 향한 움직임을 힘차게 관철시키고 펼쳐왔기에, 만일 당신이 지닌 사상들이 또다시 감각적인 즐거움을 부활시키거나 그것을 즐기려는 데로 도망쳐버리게 된다면, 당신은 일상적인 것 속에서 틀림없이 아주 편안함을 느낄 것이기 때문에, 당신은 단지 일상적인 취미만을 지니며 가장 내밀한 심정 속으로 동물성을 불러들이게 될 것이 틀림없습니다. 그러나 고귀한 젊은 학자는 그렇게 하지 않습니다. 부지런함과 노력을 통해 지쳐버린 그의 사상들은, 그것이 표출될 때와 마찬가지로 신성하고 위대하고 숭고한 것에게로 다시 되돌아가며, 이 신성하고 위대하고 숭고한 것 가운데에서 휴식을 취하고 거기서 자신을 새롭게 갱신하며, 새로운 노력을 하기 위해 다시 태어납니다. 시문학이나 음악과 같은 예술에서와 마찬가지로 자연에서도 고귀한 젊은 학자는 스스로 숭고한 것을 끌어내려고 하며, 그것도 위대하고 인상적인 양식으로 그렇게 하려고 합니다. 예를 들어, 시문학에서나 수사학에서 나타나는 고대

세계의 숭고한 정조情操나 고대인들의 정신에서 감지되고 탄생된 것만을 근대인들이 끌어내는 경우를 들 수 있습니다. 여러 예술들의 형식이 잘못 사용되고 있는 몰이념적인 유희들에서는 그러한 것을 결코 표현하지 못합니다. 또한 인간의 동물적 감각에 미치는 그것의 효과가 감안되면서, 〔397〕 그것들이 동물적 감각을 자극하고 각성시킴으로써 이를 통해 마음에 들고자 애쓰는 그러한 생산물들도 고귀한 젊은 학자에게서는 나타나지 않습니다. 그는 그러한 생산물들이 자신에게 얼마나 해로울지를 두고 숙고할 필요가 없습니다. 즉 그러한 생산물들은 전혀 그의 마음에 들지 않으며, 그는 그것들에 아무런 취미도 가질 수가 없는 것입니다.

　나이가 들어 성숙한 세대의 경우에는 그들의 사상들이 앞뒤가 뒤바뀐 전도된 상황 속에 놓이게 되면, 그들은 그렇게 불합리하게 전도된 상황을 전도성이 지니는 명증성 속에서 간파하고 비웃습니다. 이러한 세대는 앞에서 말한 상황들에 감염되지 않을 정도로 확고한 입장에 있습니다. 그러나 연약한 젊은이들은 그렇지를 못합니다. 그렇기 때문에 〔그 젊은이 스스로가 아니라〕 '어떤 비밀스런 음성eine geheime Stimme'이 유약한 젊은이를 그러한 상황으로부터 완전히 쫓아냅니다. 성숙한 사람은 더 이상 그의 이상을 꿈꾸는 것만이 아니라 그것을 현실 세계 속에서 실현해야 하기 때문에, 성숙한 사람에게 있어서 그와 같은 전도된 상황은 중요하며, 그는 이렇게 전도된 상황을 가장 비밀스런 습곡과 굴곡 그리고 갈림길에서도 알아채야만 합니다. 그러나 성숙한 사람이 이 전도된 상황을 고찰할 수 없을 경우에는 그렇게 알아챌 수가 없습니다. 또한 '일상적인 것[통속적인 것)[22]에 대한 증오'는 시간이 지남에 따라, 그리고 '세계 속에는 적지 않은 우둔함이 있다'라는 것을 경험하면서 약해지고 무뎌집니다. 그러고 나서 우리가 이 경험으로부터 끌어낼 수 있는 거의 유일하고 확실한 장점은, 그러한 우둔한 경우들을 비웃는 일입니다. 그러나 젊은이들은 삶을 그렇게 고찰할 수가 없으며, 그래서도 안 됩니다. 삶의 모든 세대는 자신의 사명을 지니고 있습니다. 일상적인 것[통속적인 것)에 대한 선량한 미소는 성숙한 사람들의 몫입니다. 이와 반대로 젊은이들의 몫은 일상적인 것[통속적인 것)에 대한 '진지한 증오ernsthafter Haß'입니다. 아직 일상적인 것을 몰아내지도 미워하지도 않은 사람은 어느 누구도, 앞으로 일상적인 것을 참으로 자유롭고도 순수한 상태 그대로 고찰하고 그에 대해 미소를 보내지는 못할 것입니다. 젊은 세대의 경우에는 그냥 농담으로 얼버무리고 넘어가는 일이 없으며, 이렇게 얼버무리는 것을 생각하는 사람들은 세태를 아는 좋지 않은 사람들입니다. 젊음이 이미 유희 속에 산산이 융해되어버린 그러한 곳에서는, 일상적인 것이 결코 진지한 것이 되지도 않거니와 현실적인 현존의 상태에 도달하지도 않을 것입니다. 젊은이가 삶에 참여한다는 것은 진지하고도 숭고한 일입니다. 비로소 이러한 젊음을 거치고 난 성숙한 세대에게만 아름다움das Schöne이 열리기 시작하며, 그와 더불어 일상적인 것에 대해 가볍게 농담으로 얼버무릴 수도 있게 됩니다.

더구나 정신의 힘을 약화시키는 것은 일상적이며 고귀하지 않은 것입니다. 나는 이것을 나태함Müßiggang이라고 부르고 싶습니다. 술 취한 상태나 육욕에 사로잡힌 상태라는 것은 여기서 고찰하고 있는 존엄함보다 하위의 것입니다. 어떤 노력도 하지 않으면서 그러한 상태에 머물며 안주하고 싶어 하는 것이 그러한 것입니다. 우리 주변의 공간을 우둔하고도 아무 생각 없이 [398] 이리저리 망연히 바라보는 것은, 미래에 인간을 우둔하게 만드는 일입니다. 비실존의 상태 Nichtexistieren나 정신적으로 죽은 상태를 지향하는 그러한 성향은 습관Gewohnheit이 되며, 또 다른 본성이 되어버립니다. 이러한 성향은 연구를 할 때나 강의를 들을 때 우리를 엄습하며, 한 조각의 무無를 조화로운 전체에 만들어 넣고, 우리가 연결해야 하는 두 개념들 사이에 또 하나의 무를 끼워 넣습니다. 그렇게 해서 우리는 가장 쉽고 파악하기 쉬운 것조차 파악할 수 없게 됩니다. '어떻게 이러한 상태가 젊은 세대에게 해당될 수 있는가'라는 점은, 모든 것을 관통하여 이해하고 있는 사람들조차도 이해하지 못한 상태로 남아 있을 수 있습니다. 그리고 우리가 그것의 근거로 숨겨진 또 다른 궁핍한 상태를 추론해낸다고 하더라도, 대부분의 경우에 그것이 기만적이어서는 안 될 것입니다. 젊음은 자신을 이제 비로소 발전시켜 나갈 수 있는 힘을 지닌 세대입니다. 그래서 새로운 창작의 과정에서 출현하도록 규정되어 있는 추동력들과 원리들도 곳곳에 남아 있습니다. 그리고 젊음에게 본질적인 성격은 쉼 없고 중단 없는 활동입니다. 만일 적극적으로 참여하는 일이 없다면, 이 활동은 결코 자연스러울 수도 없고 자신을 신뢰할 수도 없습니다. 이 활동을 타성적으로 간파하려는 태도는, 봄기운이 완연한 가운데에 남아 있는 겨울의 광경과 마찬가지로 〔적절하지 않은〕 일이며, 이제 막 발아하기 시작한 식물이 경직되고 수척하게 되는 광경과 마찬가지의 일입니다. 이러한 타성이 순진하고 성실한 젊은 학자를 자연스럽게 엄습할 수 있다 하더라도, 성실한 젊은 학자는 이 타성 자체를 전적으로 참고 견디어내지는 않을 것입니다. '신성의 영원한 사상'에서는 젊은 학자의 정신력도 함께 고려되므로, 이 정신력은 젊은 학자의 가장 귀중한 보석이라고 할 수 있습니다. 그리고 그렇기 때문에 성실한 젊은 학자는 자신의 정신력을 적용하려 할 때 경직되지는 않을 것입니다. 그는 부단히 자기 자신에 대해 깨어 있고, 자신이 아무것에도 적극적으로 관여하지 않는 상태를 허용치 않습니다. 단지 짧은 기간만 이러한 노고가 필요하며, 그 후에는 모든 것이 저절로 진행되어 나갑니다. 왜냐하면 사람들은 다행스럽게도 동시에 자신에게 익숙해지며, 그것도 좀 더 쉽게 익숙해지기 때문입니다. 그 이유는 그의 정신력이 부지런하지 않을 때보다 활동을 할 때 좀 더 자연스럽기 때문입니다. 그리고 지속적인 참여에 관심을 기울이는 어떤 시기가 지난 후에도, 사람들은 참여할 수 있다는 가능성이 사라져버린다면 지속적으로 삶을 꾸려나갈 수 없게 됩니다.

끝으로 인간에게서 '자기 자신에 대한 존경'과 '자기 자신에 대한 믿음', 그리고 '자기 자신을 신뢰하면서 자신의 의도를 고려할 줄 아는 능력'을 〔399〕 빼앗아 가버리는 그러한 것은 천박하고 일상적인〔통속적인〕 일입니다. 어떤 인물에게 있어 '스스로 자신만의 의도를 더 이상 신뢰할 수 없을 때'보다 더 파괴적인 경우는 없습니다. 왜냐하면 사람들은 결코 자신이 수행하지 못할 것을 자주 반복하여 계획하곤 하기 때문입니다. 만일 자기 자신을 더 이상 신뢰할 수 없게 되면, 인간은 자기 자신에게서 도망쳐버리는 필연의 상황에 빠져들게 되며, 결코 자기 고유의 내면으로 되돌아오지를 못하게 됩니다. 이렇게 되는 까닭은, 그가 자기의 내면을 부끄러워하기 때문입니다. 그리고 또한 그는 어떤 공동체Gesellschaft 보다도 자기 자신의 공동체를 경계하면서, 매우 의도적으로 파괴와 자기소외의 상황으로 자신을 던져 넣고 마는 필연의 상황에 빠져들게 됩니다. 그러나 고귀한 젊은 학자는 그렇게 하지 않습니다. 그는 항상 자신이 한 말을 지키며, 그가 제기한 것은 오직 자신이 제기한 것이라는 이유 때문에라도, 그 것을 확실히 실행하고 맙니다. 자기 본연의 의도와 통찰이 그를 이끌어야 한다는 이유 때문에, 그는 타인이나 일상적인 사건의 노예로 전락하지는 않습니다. 근본적으로는 비겁함 이자 용기 없음의 상태라고 할 수 있는 매우 과한 호의적 태 도로 인해서나, 아니면 자기 스스로 충고를 하거나 자기 자 신에게 있어서 자신의 태도의 준칙들을 반복하는 나태함으 로 인해, 인간이 자신의 행위의 준칙들을 타인들로부터 수 동적으로 받아들이거나 타인들을 자기 자신보다 더 신뢰하 게 될 경우에는 의심의 여지없이 가장 비열한 상태를 초래하 고 맙니다. 그러한 사람은 자신 속에 어떤 자아Selbst도 지니 고 있지 않으며, 자신 속에 있는 어떤 자아도 신뢰하지 않습 니다. 도리어 그러한 사람은 타인에게 간청하면서 그 주위를 맴돌고, 이 사람 저 사람 가리지 않고 타인의 소유물을 자신 에게 빌려주기를 타인에게 간청합니다. 이러한 사람은 결코 스스로를 알지도 못하며 인정하지도 않는데, 이러한 사람이 어떻게 존중받을 만하고 신성한 성격을 지니고 있는 존재로 간주될 수 있겠습니까?

'성실한 연구자는 일상적인 사건의 노예가 되지는 않는다' 고 나는 말한 바 있습니다. 그럼에도 불구하고 '성실한 연구 자'는 재래의 외적 관습Sitte에 따르게 되는데, 이렇게 외적 관습을 준수하는 경우에도 이 관습은 성실한 연구자에게 아무런 영향을 미치지 않습니다. 왜냐하면 성실한 연구자는 자기 자신을 존중하기 때문입니다. 젊은이는 교육을 통해 이 외적 관습에 점차 익숙해져갑니다. 그런데, 그가 외적 관습에서 소원해지려고 하면 우선 그는 이렇게 하려는 계획을 미리 세워야 하고, '기묘하고 남의 이목을 끄는 일'을 통해서 틀림없이 자신을 두드러지게 하며 주목받도록 만들려고 할 것입니다. 그의 시간을 좀 더 중요한 일들 때문에 압류 당해버린 사람이 그런 대상을 숙고할 시간을 도대체 어디서 끌어내야 하겠습니까? 그리고 도대체 그러한 일들이 그렇게도 중요한 일입니까? 〔400〕 그가 그러한 도피 외에 자신을 표현할 수 있는 다른 길은 결코 있을 수 없다는 말입니까? 결코 그렇지 않습니다. 고귀한 젊은 학자는 '나는 외적인 관습보다 더 어려운 일들 속에서도 나 자신을 발견하기 위해 현존한다'고 생각합니다. 그리고 젊은 학자는 '더 어려운 일들 속에서 나를 찾는 데 내가 아주 미숙해 보이지는 않는다'고 생각합니다. '그렇게 변변찮은 일들 때문에 나는 나 자신과 애정이 없는 나의 전체 신분을 경멸하거나 증오하려고 하지는 않으며, 좋은 생각을 품고 있는 사람들에 의해서 온화하게 미소 짓게 하기 위해 나 자신을 수동적으로 방치하고 싶지는 않습니다. 다른 신분에 속한 나와 같은 시민들이나, 나와 동일한 신분에 속한 사람들, 즉 나의 스승이나, 나의 상관들은 모든 인간관계 속에서 나 자신을 인간으로서 존중하고 존경할 수 있어야 한다'고 생각합니다.

그리고 자기 자신을 존경하는 젊은 학자들의 삶은 이러한 방식으로 모든 관점에서 올바르고도 사랑받을 수 있게 진행됩니다.

학문의 자유에 대하여

우리는 이전 강의 말미에서, 신적인 사상으로서의 자신의 사명에 대한 견해를 통해 자기 본연의 인격이 신성하게 된 연구자에 대해 고찰하면서, 이 연구자의 외적인 관습에 대한 논의로 나아갔습니다. 이 [외적인 관습이라는] 대상에는 '종종 거론은 되면서도 적절하게 사유된 적은 거의 없는 하나의 개념'이 관련되어 있습니다. 이 개념은 바로 '연구자의 학문적 자유akademische Freiheit'라는 개념입니다. 우리가 이 개념을 논의하면서 말해야만 하는 것들 중 아주 많은 부분들은 본 고찰의 존엄성과 관련이 있습니다. 그런 연후에야 비로소 우리는 이 개념을 우리의 입장으로 고양시킬 수 있는 하나의 수단을 발견할 것입니다. 따라서 [401] 오늘 내가 하려고 마음먹고 있는 이 개념에 대한 논의를, 여기서 내가 하고 있는 강의 전체에서 하나의 단순한 에피소드로 받아들여주기를, 나는 여러분들에게 단순히 허락받는 것만이 아니라 그렇게 해주기를 간청해야 합니다. 사람들이 연구자의 인류적 태도를 고찰하면서 거의 자신도 모르는 사이에 이끌려 지향하게 되는 하나의 대상〔학문의 자유〕을 완전히 간과해버린다면, 나는 이렇게 간과하는 태도를 합목적적인 성격을 가졌다고 말하기가 점점 더 어려울 것입니다. 왜냐하면 사람들은 보통 이 대상〔학문의 자유〕과의 접촉을 꺼리면서도 이러한 접촉이 종종 손쉽게 논쟁이 붙거나 풍자하는 상황으로 바뀔 수도 있기 때문에, 이 대상에 관여하게 될 때 일을 매우 잘 처리해야 합니다. 그리고 이 강의에서 내가 사용하고 있는 어조는 이러한 논쟁이나 풍자 앞에서 우리를 안전하게 잘 지켜줄 것입니다.

그러면, 학문의 자유란 무엇입니까? 이 질문에 답하는 것이 오늘 우리의 과제입니다. 모든 대상이 이중의 관점에서, 즉 한편으로는 역사적으로, 다른 한편으로는 철학적으로 고찰될 수 있는 것처럼, 당면한 우리의 연구에서도 마찬가지입니다. 우선 우리가 다루고자 하는 대상〔학문의 자유〕을 역사적 관점에서 파악해봅시다. 다시 말해 우선 학문의 자유를 허용하고 또 실행해온 사람들이 품었을 법한 생각을 살펴보도록 합시다.

대학Akademie이라는 곳은 이전부터 보다 고차적인 학교로 생각되어 왔습니다. 즉 대학은 '예비적인 수준의 저급한 학교'나 '본래 보통 학교라고 부르는 곳'과는 대립되는 곳입니다. 대학에 있는 연구자도 마찬가지로 학생Schüler과는 대비

됩니다. 따라서 대학의 연구자의 자유는 학생이 처해 있는 강제적인 상황으로부터 해방되어야만 얻을 수 있으리라 여겨졌습니다. 예를 들어 학생은 그 시대에 미래의 학자의 존엄을 표현해주는 특정한 복장을 갖추고 교실에 들어가야 하거나, 학기 중에는 결석을 해서는 안 되는 등 여타의 많은 의무들을 떠안아야만 했습니다. 이 의무들은 그 시대에는 초보 성직자가 신에게 드리는 일종의 대리적 봉사로 평가되었고, 〔이전에는〕 연구자가 예를 들어 성가대 합창단처럼 성직자가 되도록 규정되어 있었습니다. 이러한 모든 관점들에서 보자면, 연구자에 대한 엄밀하고도 지속적인 감시가 행해져온 것이고, 규칙을 위반하는 자는 종종 불명예스러운 방식으로 처벌을 받았음을 알 수 있습니다. 더욱이 여기서 감시와 심판을 맡은 자는 교수자 자신이었습니다. 이런 와중에 종합대학교들Universitäten이 생겨났습니다. 그리고 비학문적인 여타의 세계는 〔402〕 학교의 교육시설 면에서만 그런 세계를 알고 학교에서 눈으로 목격한 그러한 체제하에 종합대학교들을 종속시키려는 의도가 다분했습니다. 그럼에도 불구하고 이러한 의도는 성공하지 못했으며, 애초부터 가능하지 않았습니다. 최초의 종합대학교들의 설립자들은 특출난 재능과 능력을 지닌 학자들이었습니다. 이들은 자신의 능력을 통해 자기 시대의 암울한 상황을 꿰뚫고 자신들의 통찰 수준에 이르도록 스스로를 다듬어나갔던 사람들입니다. 이 설립자들은 학문에 사로잡혀 있었고 학문 속에서 살았습니다. 그들은 빛나는 명성을 지니고 있었으며 위대한 이들의 모임에서 신탁처럼 조언을 해주는 입장이 되어 존경받고 숭상되었습니다. 그들은 결코 자신의 청강자들의 감시자나 교사가 하는 일거리들을 다루는 위치로 자신을 낮추려고 하지 않았습니다. 그래서 그들이 낮은 단계의 학교에 종사하는 교사들을 매우 경멸하는 상황이 발생했던 것입니다. 그들은 자기 본연의 힘으로 스스로를 고양시켜 그러한 저급한 학교 교실로부터 벗어났던 경험이 있습니다. 그렇기 때문에, 저급한 학교의 교사들이 남의 눈에 띄려고 하는 장소에서도 남의 눈에 띄기를 원치도 않았으며, 감시자나 교사가 해야 하는 그와 같은 일을 추진하려고 하지도 않았습니다. 그들의 평판으로 인해, 유럽의 여러 나라들로부터 수백 수천의 사람들이 그들 주변에 모이기 시작했고 그들이 강의하는 장소로 오게 되었던 것입니다. 그 강의를 들은 수많은 청강자들을 통해 재차 그들의 명성이 커지고 덩달아 그들의 수입도 증대되었습니다. 그들은 이 모든 것들을 자신에게 부여해준 사람들에게 절대 폐를 끼치려 하지 않았습니다. 게다가 그들과 똑같은 수백 명의 사람들 가운데 우연히 그들을 알게 된 젊은이들이, 반년이나 1년 아니면 수년 후에 멀리 떨어진 자신들의 고향으로 돌아갔을 때, 이 젊은이들이 어떻게 그렇게 그들에게 좀 더 친근한 관심을 표현할 수 있었으며 어떻게 그들이 이 젊은이들의 가슴에 남아 있을 수 있었을까요? 그들의 윤리나 학문에서 그들이 이룬 진전은 그들에게 전혀 중요하지 않았습니다. 그 당시 익히 잘 알려져 있던 라틴어 속담, 즉 '금을 취하여 고향으로 보낸다'라는 속담은 매우 자연스러운 것이었습니다. 연구자들이 지켜야 할 윤리나 근면함 그리고 학문적인 진척에 대한 교수자의 감시와 학교의 강제로부터 해방됨으로써 학문의 자유는 발생했습니다. 여기서 연구자들은 교수자에게는 단지 청강자들일 뿐이었지만 말입니다.

이것은 우리가 지금 살펴보고 있는 모습의 한 측면일 뿐입니다. 〔403〕 지금 여기서 설명되고, 매우 고도의 인륜을 전제하지 않은 상황에서 찾아져야 하는 것은 다음과 같은 것입니다. 즉 그것은 최초의 종합대학교들의 설립자들은 그렇게 사유를 했으며, 그들을 통해 이 사유 방식의 일부분이 지난 세기로부터 지금 우리에게까지 전해져온다는 사실입니다. 그러나 이제 우리는 지금 살펴본 바와는 또 다른 측면을 살펴보도록 합시다.

학문의 자유라는 개념하에서 본다면, 자신의 교수자에게 붙들려 있다고 의식하는 연구자의 경우에는 도대체 어떤 일이 발생하겠으며 무엇이 이성적이라고 할 수 있겠습니까? 연구자들이 자신의 윤리적 가치와 학문적 완성에 대해 교수자들이 취하는 공평무사한〔아무래도 상관없다는〕 태도 Gleichgültigkeit를 통해 매우 존중받고 있다고 느끼거나, 아니면 그들이 이 공평무사함을 신성한 권리로 요구하지 않을까요? 그러나 나는 그렇게 생각하지 않습니다. 왜냐하면 이 공평무사함(아무래도 상관없다는 태도)이라는 것은 연구자들을 경시하고 아주 협소하게 평가하는 것이며, 연구자들에게 교수자들의 방식대로 무시하면서 말하는 것은 아주 모욕적인 일이기 때문입니다. 다시 말해 그것은 '너희들에게서 비롯된 일이건 아니건 그건 나하고 상관이 없다'라는 태도이기 때문입니다. 그들의 윤리성과 근면함이 지닌 합규칙성에 대해 다른 사람들이 아무런 염려도 해주지 않는 상황에서, 그들이 원하던 바를 그들이 경시할 자격을 갖게 된다라고 결론 내리는 일이 도대체 자연스러운 일이겠습니까? 또한 그들이 자신의 학문적 자유를 비윤리적이며 태만한 권리로만 여기게 되면 이것이 이성적이라고 할 수 있겠습니까? 나는 그렇게 생각하지 않습니다. 오히려 낯선 감시가 없는 상태에서는, 그들이 다음과 같이 결론을 내리는 것이 이성적이라고 생각할 수 있을지 모르겠습니다. 즉 그들이 좀 더 엄밀한 감시의 상황에 자기 스스로 처하도록 하거나, 아니면 외적으로 동기부여 받는 상황으로부터 벗어남으로써 자기 스스로 의무를 짊어지도록 하는 것 말입니다. 이 경우 의무라는 것은, 자기 자신을 보다 더 힘차게 추동시켜 나아가며 보다 더 부단히 자신에 대해 깨어 있을 수 있는 것이라고 할 수 있고, 만일 그들이 학문의 자유를 그렇게 생각한다고 하면, 자기 고유의 결단에서 비롯되는 자유로서 바람직하고 합목적적인 것을 행할 수 있는 것이 그러한 의무라고 할 수 있을 것입니다.

요약해서 결론을 말하자면 다음과 같습니다. 연구자의 학문적 자유는, 그것을 역사적으로 취하거나 세계 속으로 그것을 실제로 도입하는 바에 따라 취할 경우에는, 이 자유의 발생, 진행 그리고 여전히 지속하는 나머지 부분에서도 [404] 연구자의 전체 신분을 가장 중요치 않은 입장으로 부당하게 과소평가하게 됩니다. 그리고 이 자유를 통해 스스로가 존중된다고 생각하고 이 자유를 하나의 권리로 주장하는 그러한 연구자는, 가장 놀랄 만한 기만적인 상황에 처하게 됩니다. 즉 그는 악의적으로 구설수에 오르고, 결코 대상에 대해 진지하게 숙고하지 못하게 되는 것입니다. 많이 미숙하고 교양이 없으며 아직 조절되지 않는 힘에서 비롯되는 많은 실책들을 성숙한 사람이 그냥 눈감아주며 그에 대해 온화하게 미소를 지으며, '나이가 먹어감에 따라 분별력이 생긴다'라고 생각하는 것은, 언제나 삶과 젊음의 애호가라고 할 수 있는 사려 깊게 생각하는 좀 더 성숙한 사람에게 어울리는 일일 것입니다. 그러나 이러한 판단을 통해 존중받고 있다고 생각하면서 이러한 판단을 자신에게 합당한 자기 고유의 권리로 요구할 수도 있는 젊은이에게는, 최소한의 존경심조차도 없을 수도 있습니다.

이제 우리는 지금까지 다룬 대상, 즉 연구자의 학문적 자유라는 대상을 철학적 차원에서 고찰해봅시다. 실제 현존하는 학문의 자유가 '자신의 사명을 이해하며 이 사명을 존중하면서 연구하는 존경할 만한 젊은이들'에 의해 취해지는 것처럼, 이 학문의 자유가 마땅히 그러해야 하는 방식대로 어떤 조건하에서 그렇게 존재할 수 있는지, 그리고 그로부터 어떤 결과를 낳을 것인지 하는 점들을 고찰해봅시다. 우리는 이러한 점들을 통찰하기 위한 길을 다음과 같은 명제들을 통해 헤쳐나가 보도록 합시다.

1) 법은 시민의 외적 자유를 가능한 모든 방향에서 가능한 모든 측면에 따라 제한합니다. 법이 완전하면 완전할수록 점점 더 그렇게 됩니다. 그리고 법은 그렇게 작용할 수밖에 없습니다. 왜냐하면 그렇게 하는 데에 법의 사명(규정)이 있기 때문입니다. 따라서 이로부터 시민들의 내적인 자유와 인륜성에는 시민들이 스스로 외적으로 드러나서 입장을 밝힐 수 있는 그러한 영역이 남아 있을 수가 없으며, 그런 영역은 조금도 시민들에게 남아 있어서도 안 됩니다. 형벌의 경우에 거기서 발생해야만 하는 모든 일은 금지되어 있습니다. 그리고 형벌에서는 단념되어야 하는 것이 금지된 상태로 있습니다. 요구된 것을 하지 않거나 아니면 금지된 것을 범하려는 모든 내적인 시도들은 시민의 의식에서 다음과 같은 굳은 확신으로 특정한 균형을 유지합니다. 즉 시민들이 그러한 시도

에 굴복하게 되면, 시민들은 그렇게 시도한 것에 대해 특정한 죄를 짊어지게 된다고 확신하는 것입니다. 사람들은 다음과 같이 말하지는 않습니다. 즉 〔405〕 '현존하는 입법이 그렇게 완벽하게 포괄적이지는 않으며, 재판관의 감시와 감독도 어떤 측면에서는 실수가 없을 수가 없기 때문에, 모든 위반 행위에 대해 거기에 맞는 특정한 형벌을 부여하는 것이 확실한 것도 아니다'라고 말하지는 않습니다. 그리고 사람들은 '나는 이것을 잘 알고 있지만, 동시에 나는 그것이 반드시 그러해야 하며, 앞으로도 더욱더 높은 정도로 그렇게 되어야 한다'고 말하지는 않습니다. 입법은 인간의 도덕성을 고려해서는 안 됩니다. 왜냐하면 '절대적으로 요구되는 모든 이들의 자유와 안전'이 그들에게 제시되는 영역 내에서는 '그렇게 신뢰할 수 없는 어떤 것'〔인간의 도덕성〕에 의존하도록 해서는 안 되기 때문입니다. 곧 어떤 가능한 입법하에서도 정의로운 자에게는 하나의 특정한 법이 존재하지 않습니다. 더욱이 정의로운 자는 금지되어야 하는 것이 금지되지 않은 경우에라도 그것을 의도하지 않으며, 더 나아가 명령에 대한 어떤 고려도 하지 않은 상태에서 정의로운 자는 정의와 선을 의지합니다. 그는 결코 위반 행위를 시도한 적이 없으므로, 그래서 〔범죄에 상응하여〕 '기대될 수 있는 형벌의 표상'도 결코 그의 마음속에 떠오르지를 않습니다. 그는 자신의 인류성을 의식하고 있으며, 이 인류성의 의식에 대한 보답을 〔다른 곳에서 바라는 것이 아니라) 자기 자신 속에 지니고 있습니다. 그러나 법칙이 지닌 위협을 통해서만 그에게 일어날 수 있는 모든 가능한 불의로부터 자신을 지키며, 법칙이 지닌 위협을 통해서만 의무에 적합한 모든 행위를 하도록 추동되는 그러한 비인륜적인 사람과 정의로운 자 사이에 외적으로는 어떤 차이도 없습니다. 정의로운 자는 비인륜적인 사람 이상으로 행하는 것도 없고 중단하는 것도 없습니다. 정의로운 자는 외적으로는 나타나지 않는 또 다른 내적인 운동 근거 때문에만 바로 그렇게 행위하기도 하고 중단하기도 하는 것입니다.

2) 학자든 비학자든 동일한 방식으로 이러한 입법하에서 시민Bürger의 입장을 취하며 그렇게 해야 또한 마땅합니다. 학자와 비학자 모두 동일한 방식으로 성심성의를 다해 살아가면 법보다 더 위로 스스로를 고양시킬 수 있습니다. 그러나 우리는 그 양자 중 어느 편도 더 믿어서는 안 되며, 외적인 입법의 이러한 영역에서는 그 양자 중 어느 편에서도 이러한 성실한 태도가 나타날 수는 없습니다. 더구나 학자 그 자신이 국가 내에서 어떤 신분의 일원이며, 어떤 직업을 관장하는 자인 한에서, 그는 이러한 신분과 직업이 명하는 강제적인 법칙하에 있으며, 마치 그가 내적인 (406) 성실함이나 형벌 앞에서의 두려움으로 인해 이 영역에서 자신의 의무들을 완수하는 것처럼 그렇게 보일 수는 없으며, 만일 그가

자신의 의무들만을 수행한다고 한다고 할지라도 이것은 전체에게 전혀 중요치 않을 것입니다. 결함이 있는 입법이 아직까지 강요되지 않았거나, 아니면 전혀 외적인 입법이 강요될 수가 없는 이 영역에서 결국 그를 항상 따라 다니는 것은 불명예에 대한 두려움입니다. 그리고 여기서 간과될 수 없는 것은, 그가 이러한 두려움이나 아니면 내적인 성실성으로 인해 자신의 의무를 수행하는가 여부입니다.

3) 그러나 이러한 점 외에도 학자가 맺는 또 다른 관계들이 있는데 이에 대해서는 어떤 입법도 무엇을 규정할 수가 없으며, 올바름을 수행하고 있느냐에 대해서도 어떤 입법이 무엇을 깨우쳐줄 수는 없습니다. 여기서 학자는 필연적으로 스스로에게 법칙을 부여하며, 스스로를 독려하여 법칙을 완수해야 합니다. 학자는 신적인 이념 속에서 이제 비로소 등장해야 할 미래 세대의 모습을 자신 속에 품고 하나의 범례를 제시해주어야 하고, 그가 현재나 아니면 과거에 헛되이 찾아 헤매던 법칙을 미래 세대에게 부여해주어야 합니다. 그와 같은 신적인 이념은 모든 시대에 새로운 형태를 띠고 출현하며, 자신의 모습에 따라서 주변 세계의 모습을 가꾸어나가려고 합니다. 그래서 이념과 세계가 맺는 새로운 관계들이 항상 출현하며, 세계가 이념에 대해 벌이는 새로운 종류의 항쟁도 나타납니다. 이때 학자는 이 힘든 싸움을 중재할 수 있어야 합니다. 즉 학자는 자신의 이념의 작용력을 이념

의 순수성과 통합하고 이념의 영향력을 이념의 존엄성과 통합할 수 있어야 합니다. 학자의 이념은 학자 자신 속에 은폐된 채 숨겨져 있어서는 안 되며, 밖으로 출현해야 하고 세계를 사로잡아야 합니다. 그리고 학자는 자신의 본질 속에 있는 가장 심오한 것에 의해 이렇게 영향력을 발휘하도록 추동됩니다. 그러나 세계는 이 이념을 그 순수성의 상태로 파악하기에 역부족입니다. 반대로 세계는 이 이념을 자신의 상식적인 보통의 견해로 전락시키려고 합니다. 학자가 이념의 순수성의 측면에서 어떤 것을 포기하려고 한다면, 그는 보다 더 쉽게 현실 세계에 영향을 미칠 수 있을지도 모릅니다. 그러나 그는 이념을 존경하고 있고, 이념에서 어떤 것도 포기할 수가 없습니다. 그래서 학자는 두 가지 목적들을 통합해야 하는 어려운 과제를 안고 있는 것입니다. 도대체 제가 여기서 법칙에 대해 무엇을 말할 수 있겠습니까만, 어떤 법칙도 이전 세대나 동 시대의 어떤 일례도 학자에게 [407] 이 통합의 수단을 지정해줄 수는 없습니다. 왜냐하면 학자 속에서 이념이 하나의 새로운 모습을 확실히 갖추게 되는 만큼, 그렇게 되는 경우가 현존한 적이 없기 때문입니다. 단순한 심사숙고조차도 그에게 이러한 통합점을 지정해줄 수는 없습니다. 왜냐하면 심사숙고를 통해서 이념이 그 순수성의 상태로 통합이 이루어지는 최초의 점으로 서술될 수 있다손 치더라도, 주변 세계의 사유 방식이라는 두 번째 점과 이 주변 세계의 사유 방식에 의해 기대되는 것이 그러한 심사숙고〔추사유〕 속에서 순수하게 나타나며 심사숙고〔추사유〕에 의해 표현될 수 있기에는 매우 많은 결점들이 드러나기 때문입니다. 그 시대에 강력하게 영향력을 발휘한 모든 사람들이, 그들의 시대정신을 믿은 것이 잘못되었다고 내적인 고백을 하여 자신들의 이력을 종결지을 수 있었더라면 좋았을 것입니다. 그러나 그들은 뒤늦게 밝혀진 것처럼 그렇게 하는 것이 전도되고 어리석다고 결코 생각하지는 못했습니다. 또 그들이 그 시대의 단 하나의 오류를 바르게 평가하고 거기에서 벗어남으로써 다른 한편으로는 그들이 미리 고려하지 않은 또 다른 오류가 나타나기도 했던 것입니다. 언제나 어떤 것이 성공하려면, 모든 심사숙고〔추사유〕에는 또 다른 확실한 분별력이 필요한데, 이 분별력은 그보다 앞선 연습Übung과 누적된 습관들이기Angewöhnung를 통해서만 획득되는 것으로서, 만일 무엇보다 우선해야 하는 덕목을 꼽자면 이 연습과 습관들이기라고 할 수 있습니다.

　이러한 관점에서 볼 때 학자는 이념의 내적인 순수성과 이념의 외적인 작용력 사이의 항쟁을 극복하기 위해 가능한 모든 것을 명확하게 행하며 오로지 학자 자신의 선한 의지에만 따르면서 자신 외의 어떤 다른 판관도 지니지 않고 자기 자신 밖의 어떤 다른 충동도 지니지 않는다는 것은 분명합니다. 이 점에서 어떤 낯선 자가 학자를 판정할 수는 없으며, 어떤 낯선 자가 학자를 완전히 이해할 수도 없고, 학자가 행하는 방식이 지닌 심오한 의도를 짐작할 수도 없습니다. 더구나, 낯선 판단에 대한 존경은 자기 고유의 선의지를 이 영역에서 지지해줄 수도 있을 것이라는 주장과는 거리가 있습니다. 그는 낯선 판단을 초월하는 입장에 있어야 하며, 낯선 판단을 전혀 존재하지 않는 것으로 취급해야만 합니다. 학자는 자신의 선의지에 이끌리는데, 이때에 매우 고상한 충동들의 유혹을 뿌리치는 강력하고도 확고한 선의지가 필요합니다. 인간에게 영감을 주고 시선을 [408] 신성한 것으로 강하게 이끄는 충동보다 무엇이 더 고귀하겠습니까? 그리고 이 충동은 신성한 것을 보통의 수준에서 서술하려는 유혹으로 바뀔 수도 있습니다. 그렇게 되면 신성한 것이 일상의 평범한 것이 되어버리며 신성한 것은 모독을 당하게 됩니다. 신성한 것에 대한 심오한 존경과, 일상적인 것에 맞서 모든 일상적인 것을 존경하지 않고 무시해버리는 것보다 무엇이 더 고귀하겠습니까? 이러한 존경은 누군가로 하여금 자신의 시대를 완전히 저버리고 그것을 포기하며 그 시대와 더불어 아무것도 하지 않으려는 그러한 유혹의 상태로 몰아갈 수도 있습니다. 신성한 것을 일상의 것으로 서술하려는 첫 번째 유혹에 굴복하지 않기 위해서는 강력한 선의지가 필요하며, 자신의 시대를 저버리고 아무것도 하지 않으려는 후자의 유혹에 굴복하지 않기 위해서는 가장 강력한 선의지가 필요합니다.

내가 보기에 분명한 사실은, 학자는 자신의 고유한 소임을 위해 합목적적인 것에 대한 가장 예리한 분별력도 필요하고, 심오한 인륜성도 필요하며 자기 자신에 대한 엄격한 주의력도 필요하고 자기 자신에 대한 유약한 부끄러움도 필요하다는 것입니다. 또한 이로부터 끌어낼 수 있는 분명한 사실은, 학자가 그러한 분별력과 자기 자신에 대한 부끄러움을 갖출 만한 가능성과 필연성의 상태에 있어야 한다는 것이며, 이 감각과 품성을 도야하는 일이 초보 학자의 도야라는 측면에서 본질이 되어야 한다는 것입니다. 예외 없이 모든 시민들은 합목적적인 것에 대한 분별력과 인륜성을 갖추도록 도야될 수 있으며 도야될 수 있어야 합니다. 그리고 입법은 그에게 이러한 도야의 가능성을 틀림없이 남겨놓을 것이며, 입법은 이미 그 자신의 본성상 그렇게 하도록 되어 있습니다. 그러나 입법이나 보통의 존재자 전체에게는 시민이 그렇게 되도록 고양되는지 아닌지는 중요치 않습니다. 왜냐하면 그의 소임은 계속해서 외적 감시의 영역하에 머물기 때문입니다. 그러나 연구자의 경우를 보면, 그가 가장 순수한 인륜성으로 고양되고 합목적적인 것에 대한 분별력을 갖추는 일이 보통의 존재자와 전체 인류에게는 무엇보다 중요합니다. 왜냐하면 그는 그에 대한 모든 외적 판단이 단적으로 사라지는 그러한 영역으로 언젠가는 진입해야 하도록 규정되어 있기(사명을 지니고 있기) 때문입니다. 따라서 그에게 입법은 다른 시민들의 경우처럼 그가 단순히 인륜적 도야를 하도록 승낙해주는 것이 아닙니다. 입법이 그렇게 할 수 있는 한에서 그가 이러한 도야 상태를 갖출 수 있는 외적 필연성 속에 그를 정립시켜야만 했습니다.

〔409〕 그러면 입법이 이런 일을 어떻게 할 수 있을까요? 입법은 그를 적합하고 예의바르며 합목적적인 것에 대한 자신만의 판정에 맡기고 자기 자신에 대한 자신만의 감시에 맡김으로써만 분명히 그렇게 할 수 있습니다. '어떤 것에 적합하면서 합목적적인 것'을 위한 그 고유의 분별력을 그는 갖추어야 합니까? 법칙이 그를 항상 동반하면서 무엇을 해야 하며 해도 되는지를 말해줄 때 그는 이 일을 어떻게 할 수 있겠습니까? 법칙이 끝까지 자신이 훈육하는 상태하에 붙들어둘 수 있는 그러한 사람에게서 법칙은 그 사람으로 하여금 단념하게 만들려는 모든 것을 금지시키고, 법칙이 언젠가는 법칙 자신에게 맡길 수밖에 없는 그러한 일들을 그가 하지 못하도록 금지시키면서, 그러면서도 법칙은 마치 자유롭고 고귀한 것처럼 행동할 것입니다. 교양을 갖춘gesittet 사람은 입법이 어떤 것을 사리에 맞지 않다고 여기거나 금지하는 명령을 강요할 때까지 기다리지 않습니다. 만일 그가 이러한 훈계를 이제 비로소 필요로 하는 상황이라면 이것은 그에게 하나의 모욕과 같은 것이 될 수도 있습니다. 교양 있는 사람은 명령보다 앞서 나아가며, 그 주변의 보통 사람들이 아

무런 숙고도 하지 않고 감행하는 일을 중단합니다. 왜냐하면 그와 같은 일은 보다 높은 교양을 갖춘 사람에게는 어울리지 않기 때문입니다. 사람들은 연구자가 자기 스스로 이러한 등급에 속할 수 있는 여지를 주어야 합니다. 연구자는 심오하고 강력한 인륜성과 자기 자신에 대한 섬세한 부끄러움 zarte Scham을 자신 속에서 키워나가야 합니다. 형벌을 부과하는 위협이 그를 둘러싸고 있을 때 그가 어떻게 이러한 일을 할 수 있겠습니까? 따라서 법은 다음과 같이 그에게 다정하게 말해주어야 합니다. 즉 '네가 좋을 대로 너는 언제든지 옳은 것을 그만두고 그 반대의 것을 할 수 있고, 네가 옳은 것을 경시하거나 낮게 평가하지 않는다면 법은 너에게 해를 끼치지도 않을 것이며, 네가 너의 내면에 주목하면 법은 너 자신을 경멸하지도 않을 것이다'라고 말입니다. 그리고 '네가 옳은 것을 위험을 무릅쓰고 감행하려 한다면, 자신 있게 그것을 감행해야 한다'고 말해주어야 합니다. 인류는 입법의 가장 중요한 관심사를 그에게 맡길 수 있어야 합니다. 그리고 그 자신은 이 관심사를 주재하는 데 있어서 자기 자신을 신뢰할 수 있어야 합니다! 인류가 그를 시험하지 않고서도 어떻게 그를 신뢰할 수 있으며, 그가 자신을 시험하지 않고서 어떻게 그 자신을 신뢰할 수 있습니까? 사소한 일에 충실하지 않았던 사람은 더 큰 일을 맡을 수 없습니다. 그리고 자기 시험에 들지 않은 사람은 숱한 불명예를 겪은 후에야 좀 더 위대한 일을 신뢰할 수 있습니다. 방금 얘기한 이러한 이유 때문에, 학문의 〔410〕 자유와 '상당히 확대되었지만 합목적 적인 것으로 간주되는 학문의 자유'가 마땅히 존립해야 했던 것입니다.

내가 생각하기에는 완전한 국가에는 종합대학교라는 외적 기구도 존재할 것입니다. 우선 이 대학생들은 자기만의 고유한 업무를 추진해가는 또 다른 신분들과는 구분될 것입니다. 〔대학생이 아닌〕 또 다른 신분들은 '가능하다고 전제될 수 있는 학문적 자유의 오용'을 통해 괴롭게 되거나 상처를 입지는 않을 것이며, 유사한 변칙적인 시도도 하지 않을 것입니다. 또한 다른 신분들이 법 아래에서 엄격하게 유지되어야 하는 경우라면, 이 다른 신분들은 강제로부터 해방된 자신 곁의 부류〔대학생〕를 매일 주시하면서 법을 증오하고 싶어 할 수도 있습니다. 종합대학교에서 연구하는 이들은 고귀한 자유를 향유할 것입니다. 즉 인륜과 품위에 관한 수업이나 보편자에 관한 날카로운 표상들이 그들에게 주어질 것이며, 좋은 선례가 그들 주위를 둘러쌀 것입니다. 그리고 그들의 스승들은 철저한 학자일 뿐만 아니라, 동시에 국가 내에서 가장 뛰어난 사람들 가운데 뽑힌 사람들일 것입니다. 그러나 그들에게는 강제적인 법은 존재하지 않을 것입니다. 그들이 좋거나 나쁜 것을 자유롭게 선택할 수 있을 것입니다. 학문 연구의 시기는 오직 그들을 시험하는 시간일 뿐이며,

그들의 운명을 결정하는 시기는 그 후에 옵니다. 그리고 연구자가 지닌 장점들을 이렇게 배치해보면, 적임이 아닌 사람은 적임이 아닌 것으로 분명하게 드러나며, 더 이상 그의 운명을 감출 수 없습니다.

현존하는 종합대학교라는 조직은 방금 서술한 것과 같지는 않습니다. 의심스러운 점들은 다음과 같은 것들입니다. 즉 학문의 자유가 언제나 우리가 앞에서 보여준 바처럼 그러한 관점에서 고찰되었는가, 그리고 종합대학교들에 기본 체제를 마련해준 사람들에 의해 학문의 자유가 고려되기는 했는가 하는 점입니다. 학문의 자유는 연구자의 신분을 무시하고 위에 기술된 방식으로 현실적으로 발생한 바 있습니다. 우리는 연구자들이 나머지 부분들을 유지할 수 있게끔 하는 것이 무엇인지를 그 자신이 결정하지 않은 상태로 그냥 놓아둘 수 있습니다. 왜냐하면 그 정도는 약하지만 그러나 연구자들이 여전히 신분을 무시당하는 상태에 있고 나머지 부분들을 제거할 수 있는 〔411〕 재주의 결핍이 바로 그것의 원인이라고 한다면, 이것은 존엄한 연구자에게 전혀 아무런 해도 끼치지 않기 때문입니다. 존엄한 연구자는 사태를 외적인 면에 따라서가 아니라 자신의 내적인 정신에 따라서 취합니다. 학문의 자유에 대해 다른 사람들이 생각하고 싶어 하는 것이 무엇이건 간에, 그는 자신의 인격을 위해 학문의 자유를 올바른 의미에서 다음과 같이 취합니다. 즉 그는 외적 규정이 그를 포기해버린 그러한 곳에서 자기 자신에게 충고하는 것을 배울 수 있는 수단으로 학문의 자유를 취합니다. 그리고 그는 어떤 다른 사람도 그를 감독하지 않는 그러한 상황에서도 자기 스스로 감독하는 것을 배울 수 있는 수단으로 학문의 자유를 취합니다. 그리고 어떤 외적인 동인도 더 이상 존재하지 않는 그러한 곳에서도 자기 자신을 재촉하는 것을 배울 수 있는 수단으로 학문의 자유를 취하며, 앞으로의 자신의 직업을 위해 스스로를 강화하고 굳건하게 만들 수 있는 수단으로 학문의 자유를 취합니다.

보편적으로 완성된
학자에 대하여

성실한 학자는 세계의 신적 개념에 참여해야 하는 자신의 사명을 생각합니다. 즉 학자는 자신이 지닌 신성Gottheit의 사상을 사유합니다. 이렇게 함으로써 그의 인격뿐만이 아니라 소임도 그에게는 모든 것을 초월하여 존귀하고 신성하게 됩니다. 그리고 이 신성함은 그의 모든 표현에서 드러납니다. 이것이 바로 우리가 고수하고자 하는 중요한 사상입니다.

지금까지 우리는 초보 학자, 즉 연구자에 대해 이야기했습니다. 그리고 우리는 숭고한 사명감을 통해 유지되는 초보 학자가 지닌 인격의 존엄에 대한 확신이 어떻게 그의 삶에서 표현되는지를 지금까지 살펴보았습니다. 학문의 신성함에 대한 그의 확신이 그의 연구에 어떻게 영향을 미치는지도 이전 강의를 통해 이미 우리는 언급했습니다. 그리고 이 점들에 대해 더 추가할 것은 전혀 없습니다.

더구나 겉으로 드러난 연구자의 모습과 표현을 통해, 그가 지닌 인격의 합목적적인 관점과 [412] 그의 인격의 신성화에서 학문에 대한 존경심이 최우선적으로 아주 특별히 드러나고 나타나기 때문에, 앞서 말한 것들에 어떤 다른 말을 추가할 필요는 전혀 없습니다. 이에 비해 완성된 학자의 경우에는 사정이 다릅니다. 초보 학자의 경우에는 그가 추구하는 일이 이제 이념과, 어떤 형태와 본래적인 생명력을 지녀야 합니다. 그가 추구하는 일은 이러한 것들을 아직 지니고 있지 않기 때문입니다. 연구자는 아직까지 직접적으로 이념을 지니고 있지 않으며 이념을 간파하고 있지도 않습니다. 그는 이념을 단지 은폐된 상태로 존경하고 있을 뿐입니다. 그리고 그는 이념을 자신의 인격을 매개로 해서만 파악합니다. 즉 그는 이념을 인격이 고양되어야 하는 상태나 인격이 거기에 사로잡히게 되는 그러한 것으로 파악합니다. 연구자는 아직까지는 이념을 위해 직접적으로 어떤 것도 할 수 없습니다. 단지 그는 간접적으로만[자신의 인격을 통해] 이념을 위해 살 수 있습니다. 즉 그가 자신의 인격을 이념의 특정한 도구로 삼아 이념에 헌신하고 신성하게 만듦으로써 이념을 위해 살 수 있습니다. 그리고 그가 감각과 정신적인 면에서 그의 인격과 같은 것을 순수하게 유지하면서, 모든 불순함은 이 목적을 위한 이념을 부패시키고 파괴해버릴 수도 있다는 점을 확신하면서 이념을 위해 살 수 있습니다. 그리고 그는 이념의 작용에 전적으로 헌신하고 지칠 줄 모르는 노력으로 수단이 될 수 있는 모든 것을 추진하고 행동으로 옮겨 그 속에서 이념이 발전될 수 있도록 함으로써 이념을 위해 살 수 있습니다. 물론 완성된 학자라면 사정이 다를 것입니다. 완성된 학자가 이 점을 확신하는 만큼, 이념도 완성된 학자 내면에서 자신의 고유하고도 자립적인 생명력을 시작한 것이나 다름이 없습니다. 즉 완성된 학자의 개인적인 인격적 삶은 이념의 삶에 현실적으로 동화되어 있고 부정된 상태에 있습니다. 그러나 [완성된 학자와는 달리] 연구자들은 이념의 상태에 있는 이러한 자기부정을 단지 열망하기만 하였을 뿐입니다. 그가 확실히 완성된 학자인 만큼 그에게는 자신의 인격에 대한 더 이상의 어떤 잡다한 생각도 있지 않으며, 오히려 [완성된 학자로서의] 자신의 전체적인 사고가 점점 더 사태의 사유 속에서 발전되어 나갑니다. 그리고 나 자신에게는 애초에 이루어진 인격의 신성함에 대한 참여를 세분하고 임무를 분류하는 일이 남아 있습니다. 지금까지는 초보 학자의 고찰로부터 완성된 학자의 고찰로 이행하는 시점에서, 연구자의 상Bild과 함께 완성된 학자의 상을 앞서 진술된 근거들을 토대로 해서 제시해보려고 했습니다.

지금까지 우리는 대부분 초보 학자를 종합대학교에서 연구하는 이들로 고찰했습니다. 지금까지 우리가 이 개념들을 사용할 때 이 두 개념들[23]은 거의 전적으로 그 의미가 일치했습니다. 그런데 지금부터는 우리가 연구자를 대학으로부터 일상생활로 안내해간다는 것을 염두에 두고 있기 때문에, [413] 이제 초보 학자의 연구와 상태가 젊은이가 대학에 다닌다는 것만으로 종결될 수는 없다는 사실을 비로소 상기할 때가 된 것 같습니다. 일반적으로 대학 시절이 지나 비로소 연구를 올바르게 시작하는 경우가 있는데, 이 경우에 그 근거가 되는 점을 우리는 이제부터 좀 더 깊이 있게 살펴보고자 합니다. 그런데 많은 논의거리들은 지금까지의 논의 결과로서 마무리된 상태로 확정되어 있기도 합니다. 종합대학교에서 학문의 신성함에 대한 존경심에 사로잡혀본 적도 없고, 그의 인격이 이미 어느 정도 존경하는 법을 배우지도 못한 젊은이는 고귀한 사명을 지향하는 자신의 인격을 망치거나, 이후에도 줄곧 학문의 존엄함에 대한 예감을 전혀 가지지 못하는 경우가 있습니다. 그가 언젠가 자신의 삶 속에서 추진하려고 마음먹은 일은 보통의 밥벌이[24]처럼 추진됩니다. 이 경우 그는 노동을 할 때 자신이 보수로 받는 급여 외에는 어떤 고귀한 것도 염두에 두지 않는 피고용인의 심정이 되어버립니다. 이와 같은 일들에 관해 좀 더 상세히 말하는 것은 본 고찰의 한계를 벗어나는 일이 될 것입니다.

그러나 어떤 연구자에게 그의 학업의 본래 목적이 빗나가고 있다는 확신이 든다면, 그리고 이념이 이 연구자의 내면에서 내적인 형태와 자립적인 생명력을 가장 잘 준비된 상태에 이르도록 도야시켜주지 않는 경우라면, 이 연구자는 대학

졸업과 함께 자신의 연구와 학문적인 연마를 결코 끝마친 것이라고 할 수 없습니다. 그가 외적인 이유들로 인해 어떤 시민적인 업무를 떠맡아야 한다고 하더라도, 그는 그 일에서 절약한 시간과 힘 모두를 보다 엄격한 학문을 위해 바칠 것입니다. 그리고 그에게 제공되는 어떤 고귀한 도야의 수단조차도 그는 놓쳐서는 안 될 것입니다. 이와 더불어 또한 확실히 해둘 것은, 그가 여러 가지 일에 종사할 때조차도 진지한 학문의 상태로 자신의 정신을 계속 강화해나가는 것이 그에게 매우 유익할 것이라는 사실입니다. 빛나는 관직에 있더라도, 성숙한 나이가 되었어도, 그는 이념을 제 것으로 삼기 위해 쉼 없이 노력하고 일할 것입니다. 그의 힘이 그에게 희망을 품도록 하는 한에서는, 그는 현재의 상황보다 더 나은 상태가 되려는 희망을 결코 포기하지 않을 것입니다. 이러한 쉼 없는 정진이 없다면, 진정으로 위대한 많은 재능들은 상실되고 말 것입니다. 왜냐하면 보통 위대한 학문적〔414〕 재능은 이 재능이 좀 더 내적인 알맹이와 내실함을 지니면 지닐수록 보다 천천히 발전되고, 이 재능이 지닌 내적인 투명함은 보다 성숙한 노련미와 씩씩한 패기를 기대토록 하기 때문입니다.

학자라는 직업[25]의 신성함에 대한 존경심에 더욱더 깊이 사로잡히는 연구자들은, 자신의 시민적 직업을 선택할 때에도 이러한 존경심에 이끌릴 것입니다. 만일 그가 가장 확실하게 해당 직업에 걸맞은 유능함을 갖추지 못했다고 느낀다면, 그는 그 직업을 존경하기 때문에 오히려 그 직업의 본래 영역으로부터 물러나서 자신에게 맞는 보다 하위의 직무를 선택할 것입니다. 그러나 이 하위의 학문적 직무에도, 이념을 인식하기까지 도야되어야 하는 또 다른 오성을 통해 달성되어야 할 목적들이 부과됩니다. 그리고 이 하위의 학문적 직무에서는 연구를 하거나 이념을 위해 노력을 경주할 때 함께 갖추어야 할 숙련성은 외부에서 부과되는 목적을 달성하기 위한 수단으로만 사용됩니다. 그러나 이러한 사람조차도 자신의 인격을 존중하므로, 그는 단지 수단으로만 전락해서는 안 됩니다. 이와 반대로 그는 삶 일반으로부터 획득된 자신의 견해를 통해 항상 확신을 지닐 수 있어야 합니다. 그는 정신과 심정 속에서 단적으로 신에게 봉사하지만, 자신의 상관의 지시에 따라서만 신의 목적들을 촉진합니다. 이 경우에 그는 그의 상관들에게 자신에게 할당된 상관의 지시와 의도들의 책임을 떠맡기는 것입니다. 그리고 그는 모든 인간적인 노력을 염두에 두어야 하는 사람들과 함께 신의 목적을 촉진합니다. 그가 자신의 시민적 직업을 선택할 때 그렇게 확신에 찬 태도를 보이는 만큼 이미 청년기에 본래적인 학자의 소임이 지닌 존엄에 대한 존경심에 그렇게도 확고하게 사로잡히게 된 것이나 다름이 없습니다. 적절한 힘과 도야를 갖출 만한 열성적인 의식이 없이 이러한 일을 떠맡게 되면, 그것은 신성을 모독하는 일이자 동시에 조야하며 양심 없는 짓이 될 것입니다. 그리고 또한 그는 이 중요한 일들을 그르치는 상황에 빠질 수 없습니다. 왜냐하면 그가 그렇게도 확실하게 자신의 대학 시절만이라도 목적을 가지고 보냈다고 한다면, 존엄한 것이 어느 정도는 확실히 그의 시선에 들어왔을 것이기 때문입니다. 그리고 사정이 이렇다면 그는 그 스스로 가늠할 수 있는 척도를 지니고 있을 것이기 때문입니다. 대학에서 성실하고 양심적으로 연구를 수행하면서, 그의 삶을 위해 젊은 시절을 학자라는 직업을 존엄하게 유지하려는 태도를 갖추는 데 온 힘을 쏟음으로써 오직 이 유일한 이익만을 유지했고, [415] 그리고 이러한 일을 위해 필수적인 힘을 갖추지 못한 모든 사람들을 이 영역으로부터 내쫓아버렸다면, 이렇게 함으로써 이미 연구의 이익은 가장 중요하게 된 것이나 다름이 없을 것입니다.

그보다 하위의 지식을 갖춘 직무가 무엇이든지 간에, 이 직무에 대해서는 일반적으로 다음과 같이 말하곤 했습니다. 즉 우리가 이 직무를 유지하려면 이념을 직접적으로 지닐 필요는 없고, 단지 이념을 향한 노력을 경주함으로써 획득되는 지식들만이 필요하다는 것입니다. 그리고 여기서 자명한 사실은, 이 하위의 직무에서도 다시 더 높고 낮은 정도가 있으며, 그 정도에 따라 직무는 더 많은 지식이나 더 적은 지식을 요구한다는 것입니다. 그리고 양심적인 사람은 이 점에서도 자신의 능력에 과분한 일은 결코 넘겨받지 않을 것입니다. 이렇게 보다 하위에 속하는 지적인 직무가 여전히 특별한 것이라고 반드시 말할 수는 없습니다. 더 높은 위치에 있는 본래적인 학자-직업Gelehrten-Beruf은 그가 지닌 모든 특수한 성격들을 밝힘으로써 남김없이 진술되어야 합니다. 그렇게 하면 다음과 같은 결론을 쉽게 끌어낼 수 있습니다. 즉 그것은 다름 아니라 교육을 받은 사람들이 주로 추구하는 모든 직무는 보다 하위의 학문에 연관된 직무인데, 이 직무는 그들보다 더 높은 위치에 있는 학자 직업의 목록에 나타나지 않으며, 오히려 이 목록에서 배제된다는 사실입니다. 따라서 우리는 방금 언급한 목록만을 남김없이 제시할 필요가 있습니다.

이미 첫 번째 강의에서 우리는 학문적 도야를 통해 궁극의 목적을 성취하는 그러한 사람의 삶이 지닌 특징이 무엇인지를 세세하게 살펴보았습니다. 그의 삶은 세계 내에 있지만 스스로 세계를 지속적으로 창조해내면서 근본에서부터 새롭게 세계를 형성해나가는 신적인 이념의 삶이라고 할 수 있습니다. 또한 이러한 삶은 두 가지 형식으로 나타날 수 있다고 앞에서 말한 바 있습니다. 즉 그것은 현실적이며 외적인 삶과 활동에서 나타나든지, 아니면 단순한 개념 속에서 나타나든지 할 수 있습니다. 그리고 이러한 삶은 본래적인 학자 직업이 지닌 두 가지 상이한 부류들을 제시해주기도 합니다.

첫 번째 부류는 인간적인 일들을 자립적으로 그리고 자기 고유의 개념에 따라서 실행할 수 있는 모든 사람들을 포괄합니다. 이 부류의 사람들은 진보하는 시대에 적합한 새로운 완전성의 상태로 인간적인 일들을 항상 고양시킬 수 있습니다. 그리고 이 부류의 사람들은 인간들 서로의 사회적인 관계들이나 인간 전체가 의지가 없는 자연과 맺는 관계를 (416) 근원적인 방식으로, 최종적이며 최상의 자유로운 원리로 배치합니다. 그러나 이 사람들은 국왕들로서나 아니면 국왕들의 협의체들로서 최상의 계층에 속하는 그러한 사람들이 아닙니다. 오히려 독자적으로나 아니면 다른 이들과 연대해서 인간적인 일들을 근원적으로 배치하는 일에 대해 숙고할 수 있고, 스스로 판단할 수 있으며 가치 있는 일들을 결정할 수 있는 사람들이면 예외 없이 모두가 이러한 일을 할 권리와 사명을 지닙니다. 두 번째 부류는 본래 그중에서도 특별히 학자라고 불리는 사람들을 포함합니다. 이들의 직업적 소명은 바로 인간들 가운데에서 신적 이념에 대한 인식을 보존하고, 이 인식을 지속적으로 보다 명확하고 분명한 상태로 고양시키는 일입니다. 그리고 이들이 해야 하는 일은 계속적으로 좋지 않은 상태를 갱신하고 밝게 만들어 이 이념에 대한 인식을 증식시켜나가는 것입니다. 첫 번째 부류의 사람들은 곧바로 세계에 관여하는 사람들로서, 이들은 말하자면 신이 현실과 직접적으로 접촉하는 점들이라고 할 수 있습니다. 이에 비해 두 번째 부류의 사람들은 신성 속에 있는 사상의 순수한 정신성과 물질적인 힘과 작용 사이의 매개자와 같습니다. 이 사상은 첫 번째 부류의 사람들을 통해 물질적인 힘과 작용을 유지합니다. 두 번째 부류의 사람들은 첫 번째 부류의 사람들을 만들어내는 이들Bildner이며 인류를 위한 지속적인 담보물과도 같은 사람들이라서, 계속해서 항상 첫 번째 부류의 사람들이 있을 수 있도록 해줍니다. 그런데 두 번째 부류의 사람들이 [첫 번째 부류의 사람들보다] 먼저 존재하지 않고 지속적으로 존재할 수 없다고 한다면, 어느 누구도 진정으로 첫 번째 부류의 사람이 될 수는 없습니다.

두 번째 부류는 이념에 대해 지니고 있는 그들의 개념 전달 방식의 차이에 따라 다시 두 종류로 구분됩니다. 첫 번째 종류는 그들이 지닌 이상적인 개념들을 미래에 학자가 될 사람들에게 직접 개인적으로 자유롭게 전달함으로써 그들의 능력을 다듬어주어, 가르침을 받는 사람들 스스로 이념을 파악할 수 있도록 해주는 사람들입니다. 그래서 이들을 우리는 '학자를 교육하는 사람Gelehrten-Erzieher'[26], 낮은 단계나 높은 단계의 학교들에서 직무에 종사하는 교사들이라고 부릅니다. 두 번째 종류는 이념에 대해서 자신들이 지니고 있는 개념을 자기가 완벽하고도 완결적으로 손질을 한 상태로 미래의 학자가 될 사람들에게 제시해주는 사람들입니다. 이렇게 하려면 미래에 학자가 될 사람들은 사실상 이념을 파악할 수 있는 능력을 이미 스스로 다듬어놓은 상태여야 합니다. 이 두 번째 경우는 현재 저술물들Schriften을 통해 가능하므로, 이 부류에 속하는 사람들을 우리는 저술가Schriftsteller라고 부릅니다.

그런데, 방금 말한 부류와 종류의 사람들이 맡는 직무들이 반드시 각기 다른 사람들에 의해 수행되어야 [417] 하는 것은 아니며, 단 한 사람이 이 일들을 모두 통합적으로 해낼 수도 있습니다. 그리고 앞서 말한 여러 부류들은 참으로 본래적인 학자들을 포괄하며, 학문 도야의 수준이 궁극의 목적을 성취한 상태에 있는 그러한 사람들의 전체적인 소임을 표현합니다. 여러 가지 이름들로 표현할 수는 있겠지만 우리가 본래적인 학자와 구분하기 위해서 '교육을 받은 사람Studierte'이라고 표현하는 사람들이 수행하는 일은 보다 하위에 속하는 학자들의 직무라고 할 수 있습니다. 교육을 받은 사람은 자신의 연구를 통해서 학자가 되지는 못했다는 단지 그 이유 때문에 이렇게 하위의 직무에 머뭅니다. 그러나 교육을 받은 사람의 경우에 그가 획득한 숙련도와 지식은 그가 맡은 일에 유용하게 쓰일 수가 있습니다. 하위직에 종사하는 사람들을 길러내는 것이 학자 양성[도야]의 목적은 아닙니다. 어느 누구도 하위직 복무를 목표로 연구하지는 않습니다. 왜냐하면 만일 그가 하위직을 목표로 한다면 그가 이 목표를 성취하지 못하는 일이 발생할 수도 있기 때문입니다. 상당수의 연구자들이 자신의 본래적인 목적을 상실할 수도 있다는 점을 미리 예상할 수 있었기 때문에, 우리는 하위의 직무를 교육을 받은 사람들에게도 지정해주었던 것입니다. 하위직에 속하는 사람에게는 그의 직무의 목적이 자신 아닌 낯선 사람에 의해 부여됩니다. 그는 수단을 선택할 때만 판단을 내리면 되고, 목적을 성취하기 위해 한 치의 오차도 없이 복종을 하기만 하면 됩니다. 본래 학자라는 직업이 지닌 누구나 다 인정하는 신성함은, 양심적이기는 하지만 이념을 지니고 있다는 것을 의식하지는 못하는 '교육을 받은 모든 사람'이 이념을 지니지 못하도록 제지하며, 하위직 임무에 만족하도록 의무를 지웁니다. 그러한 사람에 대해서는 바로 이와 같은 사실만을 우리는 언급할 수 있었습니다. 왜냐하면 그의 소임은 본래적인 학자의 소임이 아니기 때문입니다. 우리는 그를 보통의 성실함과 의무에 충실한 태도의 안전한 호위Geleite에 내맡깁니다. 여기서 말하는 보통의 성실함과 의무에 충실한 태도는 이미 그의 학습 기간에 생활의 가장 핵심적인 혼이 되었기 때문입니다.

이러한 사람은 본래적인 학자의 소임을 맡기를 거부함으로써 이 소임을 신성한 상태로 보존하려 한다는 점을 증명해 보입니다. 성실하게 선한 양심을 지니고 어떤 종류이든지 간에 이러한 학자의 소임을 떠맡는 사람은 자신의 행위와 전체 삶을 통해서 그가 이 소임을 신성하게 다루었다는 점을 보여줍니다. 이렇게 신성한 것을 [418] 인정하는 태도가 특히 우리가 완전하게 제시한 바 있는 특별한 종류의 학자 직업에서 어떻게 드러나는가, 이에 관해서 우리는 앞으로 있을 강의에서 순서대로 얘기를 해볼 것입니다. 오늘은 이러한 인정이 일반적으로 직업의 종류가 매우 다양함에도 불구하고 어떻게 동일한 의미를 유지하면서 표현되고 드러나는지를 좀 더 얘기하고 싶습니다.

존경받을 만한 학자는 자신 속에 깃든 신적인 이념의 직접적인 삶과 작용 외에는 어떤 다른 삶과 작용도 가지려 하지 않으며 허용하지 않습니다. 이렇게 불변적인 원칙은 저절로 그의 전체 사유를 내적으로 관통하고 규정합니다. 또한 이 동일한 원칙은 저절로 그의 행위를 외적으로 관통하고 규정합니다. 우선 사유에 관련되는 첫 번째 측면에 대해서 보면, 그는 자신 속에 어떤 동요를 일으킬 만한 자극도 허용하지 않습니다. 여기서 동요를 일으킬 만한 자극은 그를 사로잡는 신적인 이념이 가하는 자극이나 삶이 아닙니다. 그렇기 때문에 그의 전체 삶에는 다음과 같은 확고한 의식이 항상 동반합니다. 즉 그의 삶은 신적인 삶과 하나이며, 그의 삶 곁에 삶 속에서 신의 작업이 수행되며 신의 의지가 역사한다geschehen는 의식 말입니다. 그렇기 때문에 그는 형언할 수 없는 사랑과 신적인 삶이 옳고 선하다는 불멸의 확신을 가지고 신적인 삶에 의존합니다. 이를 통해 그의 시선도 신성해지며 거룩하게 되고 종교적이게 됩니다. 즉 그의 내면에서 그는 지복을 느끼게 되며 이러한 지복의 상태에서 그는 항상 기쁨과 평안과 강건함을 느끼게 됩니다. 민중 가운데에서 지식이 모자라고 가장 낮은 신분에 있는 사람조차도 신에게 진실하게 헌신하고 신의 의지라고 할 수 있는 자신의 의무를 성실히 수행하면 이 모든 것들을 습득하고 즐길 수 있는 것처럼, 그와 같은 방식으로 모든 일을 해야 하는 것입니다. 따라서 이렇게 하는 것은 결코 학자만이 지니는 특이성이라고 할 수 없습니다. 그 사람이 자신의 삶에 대한 종교적인 전망을 함께 가지고 있는지, 그리고 방금 얘기된 방식대로 그러한 전망에 관심을 두고 있는지를 둘러싼 맥락에서만 그러한 일들이 표시가 날 것입니다.

앞서 말한 원칙은 참된 학자의 행위를 외적으로 관통합니다. 그는 참된 학자의 행위와 더불어 행동과 말로서 자신의 이념을 표현하고 인식된 진리를 나타내는 일 외에 어떤 다른 목적도 지니지 않습니다. 〔419〕 자기 자신이나 다른 사람에 대한 어떤 개인적인 고려도 이 목적이 요구하는 바가 아닌 것을 행하도록 그를 유혹하지는 못합니다. 어떤 개인적인 고려도 그가 이 목적이 요구한 바를 중단하도록 제지하지 못합니다. 그의 개성이나 세계의 모든 개별성은 참된 학자 앞에서는 이미 오래전에 사라지고 없는 것이나 마찬가지이며, 이념을 실현하려는 각고의 노력에 순수하게 몰두하는 것이나 다름이 없습니다. 오직 이념만이 그를 움직일 수 있으며, 이념이 동인이 되지 못하는 곳에서는 그는 조용히 활동하지 않는 상태로 있습니다. 그는 불안과 초조로 인해 무엇을 서둘러 하지도 않습니다. 불안해하고 초조해하는 현상들은 한편으로는 자기 발전적 힘의 전조라고 할 수도 있겠으나, 그러나 정말 발전되고 성숙한 사람다운 힘에는 어울리지 않습니다. 이념이 그에게 분명하고도 생동적으로 말과 행동으로 표현될 정도로 완성된 상태가 되기 전에는, 어떤 것도 동인이 되어 그를 활동하게 하지 못합니다. 이념만이 그를 전적으로 추동하고 그의 모든 힘을 장악할 수 있으며, 그의 모든 삶과 각고의 노력을 충만하게 할 수 있습니다. 그는 자신의 개인적인 전체 현존을 지속하면서 중단하지 않으며, 이 삶을 단적으로 이념의 도구로 생각하여 이념을 실행하는 데에 자신의 전체 현존을 바칩니다.

모든 측면과 관련되고 그 측면들에 의해 고무되는 이 유일한 점에 대해서만이라도 내가 여러분들을 설득하여 여러분들이 나를 이해해주실 수 있기를 바랍니다. 유한한 존재인 인간이 스스로 자신의 힘으로만 숙고하여 행위한다고 한다면, 인간이 항상 하고 싶어 하는 모든 일은 무실하고 무로 와 해되어 버립니다. 낯선 위력이 그를 사로잡고 추동하면서 그 대신 그 속에 살아 있을 때에야, 그의 삶 속에는 현실적이며 참된 현존이 등장하게 됩니다. 이 낯선 위력이 바로 신의 위력입니다. 신의 도움을 직관하고 그에 전적으로 온 몸을 바치는 것이 인간이 할 수 있는 모든 일 가운데 유일하게 참된 지혜Weisheit라고 할 수 있습니다. 특히 인류에게 부분적으로 생겨난 최상의 소임, 즉 진정한 학자의 소임에 있어서는 전적으로 그러하다고 할 수 있습니다.

통치자에 대하여

〔420〕학문적으로 도야된 사람은 이념을 소유하는 것을 그의 궁극 목적으로 삼는데, 학문적 도야가 현실적으로 이 궁극 목적을 달성하는 경우가 있다면, 이 상태에 이른 사람은 자신이 부여받은 학자의 소임을 관찰하고 보존함으로써 그의 소임이 그에게 모든 것을 초월하여 존엄하며 신성한 것이라는 사실을 보여줄 것입니다. 세계를 지속적으로 가꾸어 나가는 일과 관련되는 이념은 현실적인 삶이나 활동을 통해 표현될 수도 있고, 아니면 무엇보다도 처음에는 단순한 개념의 형태로 표현될 수도 있습니다. 이념은 첫 번째 방식으로 인간이 맺는 여러 관계들을 근원적이면서도 최종적으로 자유로운 원리로 배치하고 이끄는 그러한 이들에 의해 표현됩니다. 여기서 인간이 맺는 관계들은 부분적으로는 그들 서로 간에 법적인 상태로 맺어지기도 하고, 부분적으로는 인간이 무의지적 자연과 맺거나 몰이성적인 것을 다스리는 이성의 지배력을 통해 맺어지기도 합니다. 그리고 이러한 인간의 관

계들은 이념을 근원적이면서도 최종적으로 자유로운 원리로서 이끌고 배치합니다. 이 관계들을 현실적으로 설립하는 것에 대해서도 개별적으로나 다른 것들과 결부시켜 자기 스스로 사유하고 판단하며 어떤 중요한 일을 혼자서 결정하는 사람들은 그렇게 할 권리와 직업적 소명을 지니고 있습니다. 오늘은 이러한 직무에 대해 신성한 견해를 유지하면서 그것을 주재하는 일에 대해 얘기를 하려고 합니다. 우리가 다루려는 개념을 간단히 규정함으로써 오해를 미리 예방하는 차원에서, 방금 기술된 직무를 주재하는 사람을 일반적으로 '통치자Regent'라고 부르고자 합니다.

통치자의 직무는 이전 강의들과 바로 앞 강의에서 규정된 바 있습니다.[27] 거기서는 우리가 논하는 목적을 위해 그 직무를 더 세분할 필요가 없었습니다. 이제 우리는 진정한 통치자가 어떤 능력과 숙련성을 지녀야 하는지를 보여주어야 하며, 그의 직업적 소명에 대해 어떤 견해를 지니고 어떻게 주재함으로써 그가 그 소명을 신성하게 유지한다는 사실을 증명해 보이는가를 밝혀야 합니다.

〔421〕 그 당대나 당대의 제도를 이끌고 질서지우는 일을 맡은 사람은 이러한 것들보다 고귀해야 하며, 이것들을 단편적인 사실에 의거해서만[28] 알거나 이러한 앎에만 속박되어서는 안 됩니다. 오히려 이 사람은 그러한 것들을 철저히 이해하고 개념을 파악할 줄 알아야 합니다. 통치자는 무엇보다

도 우선 그가 감독을 맡은 그러한 상황 일반에 대해 생동적으로 개념 파악을 하고, 그러한 상황이 본래 그 자체로 무엇을 의미하는지 그리고 무엇을 의미해야 하는지를 압니다. 그리고 더 나아가 그는 변화 가능하고 비본질적인 형태들도 완전하게 압니다. 현재는 이 형태들을 그의 내적인 본질을 해치지 않고 현실 속에서 수용할 수 있는 상황입니다. 그는 현재 상황이 가정하는 특정한 형태를 알고, 어떤 새로운 형태를 통해 현재의 상황이 도달 불가능한 이상에 보다 더 접근해야 하는지를 압니다. 그에게는 존립하는 기구의 어떤 부분도 '필연적이며 불변적인 것'으로 타당하지 않으며, 그 어떤 것이든 항상 보다 완벽한 상태로 상승해야 하는 일련의 과정에서 단지 우연적인 한 지점에 불과합니다. 그는 그와 같은 상황이 일부분을 이루는 그 전체를 압니다. 이 전체를 이루는 최종적인 부분의 개선된 모든 점들이 지속되어야 한다는 것도 압니다. 그리고 그는 개별적인 부분을 의도적으로 개선할 때 이 전체를 확고부동하게 주목합니다. 〔전체에 대한〕 이러한 앎이 그의 발명의 정신Erfindungsgeist이 좀 더 개선될 수 있도록 도와주는 수단을 제공합니다. 그리고 이러한 앎으로 인해 그는 개별적인 부분을 잘못 사념하여 전체를 와해시키는 실수를 저지르지 않습니다. 그의 시선은 점점 더 부분들과 전체를 통합하며, 이상과 현실 속에 있는 최종적인 것을 통합합니다.

이렇게 자유로운 시선으로 인간사를 바라보지 않는 사람은 결코 통치자라고 할 수 없습니다. 이 사람은 그러한 인간적인 여러 상황들에 처해보는 통치자가 아니며 그러한 입장이 결코 될 수도 없습니다. 눈앞에 존립하는 것의 불변성만을 주장하고 신뢰하기 때문에, 그는 〔통치자〕보다 하위의 직무를 맡는 사람이 되어버리며, 그가 그 불변성을 신뢰하는 그러한 기구를 만든 사람〔통치자〕의 도구로 전락해버립니다. 이러한 일은 종종 발생하며, 또한 모든 시대가 참된 통치자를 지녔던 것은 아닙니다. 앞 시대의 위대한 인물들은 사후에도 오랫동안 다음 세대에게 지속적으로 지배력을 행사해왔습니다. 그래서 이들은 아무것도 독자적으로 하지 않고, 오히려 위대한 인물들을 통해서 〔422〕 이 인물들의 삶을 연장하거나 지속할 뿐입니다. 이런 일은 너무 자주 일어나기 때문에 불운이라고 할 수도 없습니다. 심오한 시선으로 인간의 삶을 파악해보려고 하는 사람만이 이들이 본래적인 통치자가 아니라는 것을 알고, 그들의 지배하에서 그 시대가 진보하는 것이 아니라 오히려 정체된다는 것을 압니다. 이렇게 해서 아마도 새로운 창조를 위한 힘을 획득할 것입니다.

통치자는 그가 주시하는 상황들을 이해하고, 모든 것이 그 자체로 무엇인지, 특별히 무엇이어야 하는지를 안다고 나는 말했습니다. 그리고 그는 그러한 상황들 일반을 인간에게 임해 있는 절대적인 신적 의지로 이해합니다. 그에게 그러한 상황은 어떤 특정한 목적을 위한 수단으로 타당하지 않습니다. 특히 인간의 안녕(복지)이라는 목적을 위한 수단이 아닙니다. 오히려 그는 그러한 상황 자체를 목적으로 파악하며, 절대적인 방식이자 질서이자 존엄으로 파악합니다. 인류는 이러한 것들 속에서 이러한 것들에 따라 실존해야 마땅합니다.

이렇게 함으로써 무엇보다도 그가 지닌 사유 방식의 고귀함에 적합하게 그의 직무가 고귀하고 존엄하게 됩니다. 그의 모든 감각과 노력은 거기로 향하게 되며, 필멸하는 인간이 서로 함께 살아갈 수 있는 짧은 시간 동안 서로를 비참하게 하지 않는 것을 목적으로 삼고 이를 위해 그의 전 생애를 바칩니다. 그리고 미래 세대가 의식주 생활을 누릴 수 있는 여지를 마련할 수 있는 한도 내에서 그들은 의식주 생활을 합니다. (그러나) 이러한 일들은 틀림없이 고귀한 사람에게는 매우 위엄이 깎이는 임무로 생각될 수도 있을 것입니다. 우리가 보통 생각하는 상에 따르면 통치자는 그의 직업적 소명에 대해 이렇게 생각하는 견해를 막으려고 합니다. 통치자가 자신의 직업적 소명을 펼치는 대상인 인류는 그러한 관계들의 유사한 개념을 통해 통치자에게 존엄하게 됩니다. 계속해서 인류의 서투르고 숙련되지 못한 상태만을 주목하며 인류를 날마다 지도해야 하는 사람, 게다가 비열한 행위와 부패를 보편적으로 간파할 수 있는 기회를 종종 잡는 사람, 이러한 사람은 결코 인류를 존중하거나 사랑하려고 하지 않을 수도 있습니다. 마치 예전부터 강한 정신력의 소유자들은 숭고한 단계에 있었기 때문에 진정한 종교성에 사로잡히지도 않고, 〔423〕 인류를 매우 존경한다는 사실이 인정되지도 않은 것처럼 말입니다. 우리가 생각한 상〔모습〕에 따르자면 통치자는 인류를 평가하면서 그들이 현실적으로 그러한 상태를 넘어서서 '그들이 신적인 개념 속에서 그러한 바'와 '이 개념에 따라 존재할 수 있고 존재해야 하며 매우 확실하게 그렇게 되는 바'에 주목합니다. 이러한 사실로 인해 통치자는 이렇게 숭고한 사명〔규정〕을 지닌 인류에 대한 존경심으로 충만하게 됩니다.[29] 사랑이 모든 사람의 마음을 끌 수는 없습니다. 우리가 좀 더 깊이 생각해보면, 한 통치자가 주제넘게 전 인류나 아니면 그가 속한 전체 민족Nation을 사랑하고, 그들에게 그의 사랑을 확신시켜주며 그의 사랑에 그들이 의탁하도록 만드는 것은 월권입니다. 이러한 사랑은 우리가 묘사한 통치자에게는 허용됩니다. 즉 인류에 대한 그의 존경이 신성의 상징이자 피보호자로서 훨씬 더 그와 같은 사랑을 대체합니다.

통치자는 자신의 소임을 인류에 대한 신적인 개념으로 파악합니다. 그는 자신의 소임을 인류 자체라는 이 개체[30]의 신적인 개념으로 이해하는 것입니다. 그는 신성의 가장 직접적이며 첫 번째 종으로 자임하며, 육체적으로 실존하는 〔신성의〕 사지 중 하나로 자임하여 신성이 곧바로 현실 속에 스며들 수 있도록 해준다고 생각합니다. 그렇다고 이러한 생각으로 그가 교만하게 자신을 드높이고 우쭐거리는 태도를 보이지는 않습니다. 이념에 사로잡힌 모든 사람은 이념 속에서 자신의 개성을 상실해버리며, 자신 속에 있는 개별적 자아 ein Selbst에게 더 이상 어떤 의미도 남겨두질 않습니다. 오히려 그는 자신의 숭고한 소명 속에서 성실하고 양심적으로 의미를 만들 것입니다. 통치자는 통치자 그 자신으로서 그리고 이러한 개체로서 이념의 이러한 직관과 이 힘을 자신에게 전가하지 않고 그것을 받아들였다는 사실을 너무 잘 알고 있습니다. 그는 〔이념을〕 성실하고 진실하게 사용하는 것 외에 자신의 것에서 뭔가를 〔이념에〕 부가할 수 없다는 사실을 압니다. 그는 민족 구성원들 중 가장 저급한 대중들도 그 자신이 할 수 있는 것과 마찬가지로 그와 같은 일을 행할 수 있다는 사실을 압니다. 그리하여 이것이 신성의 눈에는 동일한 가치를 지닌다는 사실도 압니다. 그도 이러한 가치를 이와 같은 조건하에서 지니게 될 것입니다. 〔424〕 그 개인이 아니라 그의 존엄에 주어지며, 이 존엄을 주재하는 조건 중 하나라고 할 수 있는 자리를 그는 차지하는데, 그의 이 자리가 다른 자리를 뛰어넘어 지니는 외적인 서열과 고귀성, 이것으로 인해 좀 더 고귀하고 본질적인 우수함이 인정된다는 것을 알고 있는 그가 현혹되는 일은 없을 것입니다. 한마디로 그는 이러한 관점에서 그의 소임을 그가 세상에 베푸는 자선 봉사와 같은 것으로 보지 않습니다. 오히려 그는 자신의 소임을 절대적인 인격적 의무이자 책무라고 생각합니다. 그리고 이 의무와 책무를 수행함으로써만 그는 자신의 인격적인 현존 상태를 유지하며 획득하고 응당한 대가를 지불하는 것이며, 그렇지 않으면 그는 무로 사라지고 맙니다.

그의 소명을 그에게 주어진 신적인 소명으로 보는 이러한 관점으로 인해, 그는 자기 자신 속에서 정당성을 지니게 되며, 상당한 의혹에 대항해 스스로를 정당화합니다. 게다가 여기서 의혹은 이 소임의 와중에 종종 양심적인 일을 엄습하는 데도 말입니다. 그리고 위와 같은 관점으로 인해 앞으로 나아가는 그의 발걸음이 안전하게 되며 확실하고 어떤 망설임도 없게 됩니다. 더구나 어떤 경우에도 결코 개별자는 개념적으로 규정되거나 고려될 때에는 바로 이러한 개별자로서 전체를 위해 희생되어서는 안 됩니다. 이 개별자가 여전히 그렇게 미미한 존재이고, 전체와 전체가 목적으로 삼는 관심이 여전히 그렇게 열광적이라고 하더라도 말입니다. 그러나 종종 전체에 속하는 부분들은 전체를 위해 위험에 빠지기도 하는 것이 사실입니다. 그러나 통치자는 결코 개인들 가운데 그들의 희생을 강요하는 그러한 위험을 선택하지 않을 것입니다. 모든 개인들은 다른 사람들과 동일하게 안녕〔복지〕에 대해 요구를 할 것이기 때문에, 현세에서 인류가 잘 사는 것 외에 인류의 어떤 또 다른 사명도 이해하지 못하며,

인류의 이러한 안녕(복지)을 돌보는 사람으로 자처하는 그러한 통치자가 개인들이 위험에 처하고 희생이 발생하는 경우에 어떻게 그것을 양심적으로 책임질 수 있겠습니까? 예를 들어 직접적으로든 간접적으로든 (미래를 위한 필연적 결과에 따라서) 위험에 처한 국가의 자립성을 유지하려는 목적으로 시도되는 전쟁처럼, 정당한 전쟁의 개시를 결정하는 경우에, 한 통치자는 전쟁에서 발생하는 희생과 전쟁을 통해 인간성을 위반하여 확산되는 다양한 해악들에 대해 어떻게 양심적으로 책임질 수가 있겠습니까? 그의 소임을 〔425〕 신적인 소명으로 인식하는 통치자는 이 모든 의구심들과 겁 많은 유약함이 엄습해오는 것에 대항하여 확고한 입장을 취합니다. 만일 전쟁이 발발한다면, 전쟁이 발발해야만 하는 것도 바로 신의 의지 때문이며, 통치자가 전쟁하기로 결정하는 것도 전쟁을 의도하는 신의 의지 때문인 것입니다. 신은 모든 인간적 삶과 인간적 복지에 대해 가장 완전한 권리를 지니고 있습니다. 왜냐하면 신으로부터 모든 일이 시작되어 다시 신으로 되돌아가며 신의 창조 속에서는 어떤 것도 상실될 수가 없기 때문입니다. 법Recht을 주재하는 일에 있어서도 상황은 다르지 않습니다. 하나의 보편적 법칙이 있어야 하며 이 보편적 법칙은 어떤 예외도 없이 적용되어야 합니다. 그의 처지가 유일무이하여 그에게 보편적 법을 적용하는 것이 너무 가혹하다고 생각하거나 그의 처지를 구실로 대는 것이 진실한 태도라고 생각하는 개인이 있다고 해도, 그 때문에 법의 보편성이 포기될 수는 없습니다. 〔설사 그 일이 그에게는 불의가 된다고 하더라도〕 그는 인간들 사이에 정의 일반을 유지하기 위해 그에게 발생하는 이 조그만 불의를 희생시켜야 할 것입니다.

통치자 속에 존재하며 통치자가 속한 시대와 민족국가의 상황을 주조하는 이 신적 이념은 모든 곳에 편재하며 사람들을 사로잡을 수 있는 모든 형태를 띠고서 이 통치자 고유의 삶이 됩니다. 그리고 통치자는 이러한 삶 외에 다른 삶을 지닐 수도 없고 그 스스로 견딜 수도 없으며 허용할 수도 없습니다. 그는 우선 명확한 의식 속에서 이러한 그의 삶을 자신 속에서 일어나는 직접적인 신적 작용이자 주재로 생각하며, 자신의 인격 속에서 신적인 의지가 완수되는 것으로 간주합니다. 이 의식으로 인해 그의 시선이 신성하고 밝게 되고 신 속에 잠기게 된다는 것을 보편적으로 증명하는 일을 여기서 굳이 반복할 필요는 없겠습니다. 모든 사람은 종교를 필요로 하고, 모든 사람은 종교를 자신 속에 품을 수 있으며, 종교를 통해 신성을 직접적으로 유지할 수 있습니다. 이미 앞에서 말한 바처럼, 특히 통치자는 종교를 필요로 합니다. 종교의 빛으로 그의 소임을 밝히지 않고서는 그는 자기 소임을 선한 양심으로 추진할 수가 없습니다. 〔426〕 그의 소임을 수행해야 하는 근거들과 정당성들에 대해서는 제대로 답변도 하지 않은 채 사려 없는 상태와 그의 소임을 기계적으로 추진해나가는 일만이 그에게 남게 되거나, 또는 설사 그가 사려 없는 상태에 처하지는 않는다고 할지라도, 몰양심과 무정함과 경직된 감각과 인간혐오증과 인간경멸증이 그에게 남게 될 것입니다.

통치자 속에서 영원한 생명으로 움터 형성되는 이념은 통치자 대신 통치자의 삶을 이끕니다. 이념만이 오직 통치자를 추동할 수 있으며 어떤 다른 것도 이념의 자리를 대신할 수는 없습니다. 통치자에게 통치자의 인격은 오래전에 이념 속에 사라져버린 상태로 있습니다. 어떻게 그의 인격에서 하나의 충동인Triebfeder이 나올 수 있겠습니까? 그는 신 속에 융화되어 자신의 영원한 작업을 행하는 명예Ehre 속에서 살아갑니다. 사멸하고 유한한 인간을 판단하는 기준이라고 할 수 있는 명성Ruhm이 그에게 어떤 의미를 지닐 수가 있겠습니까?[31] 항상 자신의 전 인격을 바쳐 이념에 헌신하는데, 어떻게 그가 한번이라도 스스로를 즐기거나 자신의 몸을 사릴 수가 있겠습니까? 그의 인격과 모든 개성은 신적인 개념 속에서는 하나의 전체 질서에 의해 사라지고 맙니다. 그는 〔전체의〕 질서를 생각하며, 〔전체 질서에 대한〕 이 생각을 매개로 해서만 개인들을 파악합니다. 그렇기 때문에 그는 그의 소명을 수행하면서 친구도 적도 추종자도 무시자도 용인하지 않습니다. 오히려 그가 보기에 이 모든 것들 전체와 그 자신은 모든 이의 독립과 평등이라는 개념 속에서 함께 영원히 소멸됩니다.

오직 이념만이 그를 추동하며 이념이 그를 추동하지 않는 곳에서 그는 어떤 삶도 지닐 수 없으며, 고요하게 활동 없는 상태에 머물고 맙니다. 그는 단지 어떤 일을 발생시키거나 그가 활동적이라는 사실을 언표하기 위한 목적으로 작용하거나 움직이거나 활동하지는 않습니다. 왜냐하면 그는 결코 단순히 어떤 일이 발생한다는 사실을 의지하는 것이 아니라 오히려 이념이 원하는 일이 발생하기를 의지하기 때문입니다. 그에게 이 이념이 침묵하는 한 그 또한 침묵하게 됩니다. 왜냐하면 그는 이념을 위해서만 언어를 사용하기 때문입니다. 그는 결코 옛것을 존경하지 않습니다. 왜냐하면 그것은 낡았기 때문입니다. 또한 마찬가지로 그는 새것을 위해서 그리고 그것이 새것이라는 이유로 새것을 존경하지도 않습니다. 그는 더 나은 것과 더 완전한 것을 바랍니다. 더 낫고 완전한 것이 아직 그에게 명확한 형태로 출현하지 않은 상태이고, 그가 개선을 하여 사태를 완전히 다르게 만들 수는 있지만, 결코 더 낫게 만들 수는 없다고 〔427〕 한다면, 그는 아무 일도 안 한 것이며, 유감스럽게도 옛것이 그전에 차지하고 있었던 이점 때문에 더 낫다는 것을 인정하는 꼴이 됩니다.

이러한 방식으로 이념은 주저하지 않고 그를 완전하고도 철저하게 사로잡으며 관통합니다. 그리고 그의 인격과 생애에는 이념을 위해 끊임없이 희생함으로써 지속적으로 불타오르는 것 외에 어떤 것도 남지 않습니다. 그렇게 해서 그는 이 세상에 신이 가장 직접적으로 나타난 모습이 됩니다.

하나의 신이 존재한다는 사실은 감각계에 대해 조금이라도 진지하게 추사유를 해보면 어렵지 않게 드러납니다. 드디어 우리는 다른 현존에만 기대어 존재하는 현존에게 그의 현존의 근거를 자기 자신 속에 지니는 하나의 현존을 근거로 제시해줌으로써 끝맺음을 해야 합니다. 그리고 부단한 시간의 흐름 속에서 흘러가는 변화무쌍한 것들에게 하나의 지속적이고 불변하는 것을 담지자Träger로 제시해줌으로써 끝맺음을 해야 합니다. 그러나 신성은 모든 외적 감각을 통해 직접적으로 가시화되고 지각 가능하게 나타나며, 신성은 신적인 인간들의 변화에도 불구하고 이 세상 속으로 나타납니다. [신적인 인간들의] 이 변화에서 인간 의지의 확고함과 부동함으로 신적인 존재의 불변성이 현시됩니다. 이렇게 [확고하고 부동한] 인간의 의지는 어떤 폭력적 힘에 의해서도 지정된 궤도로부터 벗어날 수 없습니다. 모든 현세적인 것을 인간적으로 파악하고 포괄할 때에도 이 의지 속에서 신적인 내적 명증성이 현시되며, 그것도 영원히 지속하는 일자 속에서 현시됩니다. 또한 이 의지 속에서 신적인 작용이 현시되며, 그것도 신적인 작용이 전혀 존립하지 않는 행복한 상태에서가 아니라, 인류를 질서지우고 고귀하게 하고 존귀하게 만듦으로써 신적인 작용이 현시됩니다. 신적인 변화는 인간에게 신의 현존을 보여줄 수 있는 가장 결정적인 증명이나 마찬가지입니다.

인류 모두에게는 다음과 같은 상황이 발생하는데, 즉 신의 현존이 없다면 인간 자신이 그 뿌리에서부터 무로 사멸할지도 모르기 때문에, 이처럼 신의 현존을 납득시키는 일은 인류 속에서 결코 사라지거나 중단되지 않으며, 특히 통치자를 인간사를 질서지우는 최상위자로 배치해야만 한다는 것입니다. 이성적인 근거를 들어 이론적으로 그런 증명을 하거나, 아니면 학자의 두 번째 부류를 통해 이 증명 방식을 판결하고 감시하는 일은 〔428〕 공직에 있는 당신들이 해야 할 일은 아닙니다. 그러나 이와 반대로 당신들 자신의 삶을 통해 실질적인 증명을 수행하고 그것도 최상의 심급 기관이 그렇게 해야 한다는 것은 매우 본질적으로 당신들에게 고유하게 속하는 일입니다. 당신들이 어떤 일을 주재할 때마다 언제나 확고하고 확실하게 말해주십시오. 그리고 모든 측면에서 명증성을 말해주시고, 질서지우고 고귀하게 하는 정신을 우리에게 요구하십시오. 그러면 우리는 당신들의 행위 속에서 얼굴을 맞대고 직접 신의 모습을 볼 것이며 어떤 다른 증명도 필요치 않을 것입니다. 우리는 '신은 존재한다'고 말할 것입니다. 왜냐하면 통치자들이 존재하며, 신은 그 통치자들 속에 존재하기 때문입니다.

구술하는
학자-교수자에 관하여

이념을 지니고 있는 사람들의 소임은 인간사를 관리해 나가면서 이념을 곧바로 삶 속으로 도입하는 일입니다. 그런데 이 사람들과 더불어 두 번째 부류의 사람들도 있습니다. 이들은 이념을 처음으로 개념을 통해 표현하는 사람들로서 소위 말하는 특별한 학자들입니다. 이들의 소임은 '신적이지만 인간이 접근할 수 있는 이념'이 존재한다는 확신을 유지하고, 이 이념을 부단히 더욱더 분명하고 구체적으로 규정되어 있는 상태로 고양시키며, 지속적으로 갱신되고 빛나는 형태로 이 이념을 세대에서 세대로 전파하는 일입니다.

　방금 마지막으로 말한 소임은 그것이 목적으로 하는 바와 그것을 수행하는 규칙이 어떠한가에 따라 다시 두 가지 매우 다른 일들로 구분됩니다. 즉 인간의 마음이 이념을 수용할 수 있도록 그렇게 더 높이 도야되어야만 하든지, 아니면 이념 자체가 특정한 형태를 지니고 이념을 파악할 만큼 이미 [429] 충분히 도야된 그러한 사람들에게로 낮추어져야 합니다. 첫째 일은 특정한 인간을 자신의 최우선적인 직접적 대상으로 삼습니다. 즉 특정한 인간들 내에서 이념을 사용하는 일은 이 인간들을 이념 다음가는 목적으로 도야하여, 이들이 자립적으로 자기 스스로 이념을 파악할 수 있게 하는 수단이 됩니다. 이와 같은 일에서는 도야되어야 하는 인간들과 그들의 도야의 관점과 도야될 가능성이 있는지 여부 등이 전체적으로 고려될 수밖에 없습니다. 그리고 이 영역에서는 다른 것이 아니라 바로 [특정한 인간을 도야하는] 그 하나의 작용만이 고려될 경우에만 그 작용은 가치가 있을 것입니다. 둘째 것은 이념을 직접적으로 대상으로 삼고, 이 이념을 도야하고 이념에게 구체적인 형태를 부여하는 일을 대상으로 삼는 경우입니다. 이 경우에는 어떤 한 인간의 도야 가능성이나 주관적인 상태 등은 전혀 고려되지 않습니다. 여기서는 부여된 형태를 통해 이념을 파악하는 일 외에 어떤 다른 일도 없습니다. [이념을 직접 규정하는] 이러한 일 자체는 그 일 자체를 통해 [이념을 받아들이는] 수용자를 규정해버립니다. 이러한 작업은 그 일을 이해할 수 있는 사람들에게나 맞는 것입니다. 앞서 말한 첫째 일의 목적은 학자이자 교수자[32]인 사람의 구술口述 활동을 통해 가장 잘 그리고 적합하게 성취될 수 있고, 방금 말한 둘째 일은 학문적 저술 활동을 통해 성취될 수 있습니다.

이상과 같은 두 가지 일은 학자의 본래적인 소임에 속하는 것이지, 〔일반적으로〕 교육을 받은 사람이 하는 하위의 종속적인 일에 속하는 것이 아닙니다. 이 하위의 종속적인 일은 연구의 본래적인 목적을 성취하지 못하기 때문에 〔학자가 아니라 일반적인〕 교육을 받은 사람에게 고유한 것입니다. 자신의 연구를 성실히 추진하면서 이렇게 성실하게 연구할 때에도 학자의 소임의 중요성에 대해 확실하게 인지하고 있는 사람은, 만일 그가 확실하게 자신 속에서 그러한 하위의 종속적인 일에서 유용한 측면들을 발견하지 않는 경우라면, 앞서 말한 그러한 종속적인 일을 신성하다고 생각하듯이 그렇게 떠맡지는 않을 것입니다. 그러나 만일 그러한 일을 떠맡는다고 한다면, 그는 그것을 존엄하게 해나감으로써 자신이 그 일을 신성한 일로 존중하고 있다는 것을 보여줄 것입니다. 앞으로 우리는 존엄한 저술가에 대해 이야기할 기회가 있을 것입니다. 지금 여기서는 미래의 학자이자 존엄한 교수자에 대해 얘기를 나눠보려고 합니다.

학자 신분에 속하는 사람들 중에 교수자Lehrer와 교육자Er-zieher는 〔430〕 두 가지 부류로 구분할 수 있는데 이렇게 구분하는 데는 충분한 이유가 있습니다. 즉 이 두 부류는 보다 낮은 단계에 있는 학교에서 가르치는 교사와 보다 높은 단계의 학교, 즉 종합대학교에서 가르치는 사람으로 구분됩니다. 그렇다고 해서 내가 보다 낮은 단계의 학교에 종사하는 교사를 비본질적인 하급의 학자라고 그렇게 경솔하게 생각하지는 않습니다. 또한 그들이 내밀한 명증성의 상태나 생기를 주는 온화함의 상태에까지 도달하지 못함에도 불구하고, 내가 이러한 관점에서 그들이 이념을 획득하고 이념이 그들 속에 철저히 스며들기를 바라는 일도 당치 않을 것입니다. 이미 소년의 시기에 학문적 연구에 종사할 임무를 부여받은 사람은 눈에 띄지는 않지만 이념과 이념의 신성함으로 둘러싸이고 그 속에 심취해 있을 것입니다. 그는 어떤 일도 조야하고 서툴게 추진하지 않으며, '이상적인 것이 그로부터 발전해나가야 하는 어떤 것'을 '제한된 목적을 위한 수단'으로 희생시키지도 않습니다. 본래 전적으로 학교에 속한 대상들[33]은 다행스럽게도 다음과 같은 성격을 지닙니다. 즉 이 대상들은 그 대상들을 철두철미하게 추진하는 사람을 보통의 사유 방식 너머로 고양시키고, 드러나지는 않지만 교수자로 하여금 보통의 상태를 뛰어넘어 맡겨진 일들을 하도록 이끌어주는 역할을 합니다. [주어진] 규칙 속에서 이와 같은 교수자가 외적으로 처한 상황에 대해 동일한 것을 말할 수 있으면 좋겠고, 사회 속에서 교수자의 독립성과 입장이 가장 존귀한 그들의 직업[소명: Beruf]에 상응했으면 합니다! 앞서 내가 말한 바처럼 학교 수업의 대상들인 언어 학습과 관련해 보자면, 우리가 개념들을 결합시켜 만들어내는 것과는 본질적으로 다른 고전어들[34]의 학습에도 노력을 기울여야 하지만, 그에 못지않게 언어에 대한 철저한 공부에도 노력을 경주해야 개념들에 대한 보다 깊은 통찰이 발전됩니다. 그리고 이러한 학습이 시도되곤 하는 대상은 고대인들의 작품인데, 이 고대인들의 작품으로부터 나온 존엄하고 고귀한 정신이 청년의 마음에 호소력을 지닐 수 있습니다. 이러한 이유 때문에 미래의 학자들을 위해 각 학교에 종사하고 있는 교수자는 이념을 소유하고 있어야만 합니다. 왜냐하면 교수자는 젊은 학생들이 고귀함과 고상함을 보통의 일과 구분하면서도 눈에 띄지 않게 그것에 친밀하게 되도록 해주며, 젊은 학생들이 고귀하고 고상한 것에 익숙해지도록 하고 저급하고 고상하지 못한 것으로부터 그들을 떼어놓는 일을 하기 때문입니다. 따라서 민감한 나이에 있는 시기에 보다 더 고귀한 것을 준비하면서, [431] 젊은이는 종합대학교에 발을 들여놓습니다. 종합대학교에서야 비로소 그는 분명하게 다음과 같은 사실들이 표현되는 것을 알고 개념적으로 파악하고 인정할 수 있도록 지도를 받을 수 있습니다. [지금껏] 나는 이 강의에서 여러분들 앞에서 나 자신을 표현하려고 노력해왔습니다. 이처럼 그는 우리 전체 인류가 신적인 사상 속에서만 진실하게 현존할 수 있고, 이 신적인 사상과 합치하는 한에서만 가치를 지닌다는 사실을 파악하고 인정할 수 있습니다. 그리고 학자라는 입장은 이 신적인 사상을 추후적으로 개념 파악하여 그것을 세계 속으로 도입하기 위해 현존합니다. 종합대학교에서야 비로소 연구자는 이미 이전에 자신의 생애를 다 바쳐 고심했던 그러한 사명이 지닌 본질과 존엄함에 대해 분명한 개념을 지닐 수 있습니다. 그리고 연구자는 여기서 이 분명한 개념을 유지해야만 합니다. 낮은 단계의 학교에 종사하고 있는 교수자는 여전히 자신에게 맡겨진 학생들을 위한 또 다른 수업을 감안하고 그것들을 전제하고 있습니다. 이에 비해 대학에서 가르치는 사람은 초보 학자가 스스로 해야만 하는 수업 외에 어떤 수업도 감안하지 않으며, 연구자가 스스로 자기만의 스승이 될 수 있는 능력을 키울 때까지 교수자는 연구자가 그러한 능력을 키울 수 있도록 고양시켜야만 합니다. 이러한 교수자는 연구자를 그의 강의실에서 해방시켜 연구자 자신과 세계에 넘겨줍니다. 낮은 단계의 학교에 다니는 젊은 이는 자신의 소명을 힐책하지만 종합대학교에 다니는 젊은 이는 자신의 소임을 제대로 파악하고 인식하고 있다는 사실에서, 하위 학교와 고등 학교의 두드러진 특징적 차이가 있다고 할 수 있고, 이를 통해 이 두 곳에서 져야 하는 교수자의 다양한 의무가 규정된다고 할 수 있습니다.

우리가 지금 특별히 논의하고 있는 대학 교수akademischer Lehrer[35]는 그의 소임이 지닌 본질과 고귀한 존엄성이 명확하게 알려진 그러한 연구자들을 교육시켜 이념을 수용할 수 있는 감수성을 지니도록 해야 합니다. 그리고 그들을 교육시켜 이와 같은 이념을 자기 스스로 발전시키며 그 이념에 특정한 형태를 부여할 수 있는 능력을 갖추도록 해야 합니다. 교수는 할 수만 있다면 이 모든 일을 다 해야 합니다. 어떤 경우에라도 무조건적으로 그는 학생이 본래적인 학자의 사명에 대한 존경과 경의로 가슴 벅차도록 해야 합니다. 연구의 일차적 목적은 이념을 새로우면서도 본래적인 측면에서 파악하도록 하는 것인데, 이 목적은 배우는 학생도 포기하면 안 되지만, 〔432〕 학생을 가르치는 교수도 포기해서는 안 됩니다. 이 일차적 목적이 결여된다고 할지라도 교수가 가르치고 학생이 배우는 일이 가능하다고 생각할지도 모르겠으나, 그러나 이렇게 목적이 결여될 수 있는 가능성을 염두에 둔다면 교수와 학생은 서로 구분되어야만 할 것입니다. 그런데 이 목적이 결여된다고 하더라도, 대학을 마친 사람은 여전히 좀 더 유능하고 존경받고 성실한 사람으로 남을 수는 있습니다. 그러나 최종적인 목적은 그가 적어도 이념을 향한 자신의 노력 때문에 자연스럽게 이념에 대한 존경심을 가지며, 그리고 이념에 대한 이 존경 때문에 자신이 대처할 만한다고 생각하지 않은 일을 떠맡는 것은 피해야 한다는 것을 앎으로써 드러납니다. 적어도 그가 도달할 수 없는 것〔이념〕을 지속적으로 존경하기 때문에 지속적으로 자기 스스로를 신성하게 만들며, 인간들 가운데에서 이 존경심을 계속 유지하기 위해 그에게 부여된 모든 일을 그는 촉진합니다. 이러한 측면에서 주장될 수 있는 최종 목적은 결코 포기되어서는 안 됩니다. 왜냐하면 이 최종 목적이 설령 달성 불가능하다고 하더라도,

이 목적을 연구하는 행위 자체의 측면에서 보자면, 인간으로서의 그의 존엄성은 사라질 수 없을 것이기 때문입니다. 그리고 그를 고양시킬 만한 그러한 연구에 의해 그가 점점 더 깊이 몰락하게 된다고 하더라도 최종 목적은 결코 포기되어서는 안 됩니다. 연구자의 일차적인 목적 달성은 대학 교수에게는 하나의 제한적인 목적입니다. 즉 이 목적은 그의 목적 실행의 행위가 지닌 가능성에 의해 제약됩니다. 이에 비해 그는 두 번째 목적의 달성을 항상 주시하며, 그것을 무제약적인 목적으로 인정해야만 합니다. 이 무제약적인 목적을 그는 지식과 의지를 가지고 결코 포기해서는 안 됩니다. 더구나 설령 그가 이 목적을 달성하지 못한다고 하더라도, 그는 이 목적의 달성에 대해 결코 회의적인 생각을 품어서는 안 됩니다.

대학 교수는 최종 목적을 달성하기 위해 무엇을 할 수 있습니까? 나는 다음과 같이 이 물음에 대답하고 싶습니다. 대학 교수는 최종 목적을 달성하기 위해 어떤 특별한 것도 할 수 없으며, 다만 그가 애초의 목적을 위해 해야만 했던 일을 할 수 있을 뿐이라는 것입니다. 그는 최종 목적을 수행하고, 그것도 온전하게 수행함으로써, 동시에 애초의 목적도 수행하는 것입니다. 그는 학생들에게 학문에 대한 존경심을 각인할 것입니다. 그가 학생들에게 적극 권한 목적에 대한 존경심을 스스로 자신의 전체 삶 속에서 보여주지 못한다면, 학생들은 그것을 믿지 않을 것입니다. 그래서 그는 이러한 존경심을 불러일으켜 가장 열성적으로 학생들을 확신에 차도록 만들려고 합니다. 이렇게 하기 위해 그는 말로만 가르치는 것이 아니라 행동으로 가르치며, 그 스스로가 살아 있는 실례이며, 자신이 학생들에게 전 생애를 이끌어나갈 지침으로 주고자 하는 그러한 교훈에 관한 지속적인 상세한 설명이 되어야 할 것입니다. 그는 학문이라는 직업의 본질을 학생들에게 신적인 이념의 표현이라고 기술해줄 것입니다. 즉 이 이념이 진정한 학자에게 [433] 온전히 스며들어 그를 사로잡고, 그 학자 고유의 삶을 대신해서 이념의 생명성을 정립한다는 사실을 그는 학생들에게 말해줄 것입니다. 그 외에도 그는 아마도 학생들에게 어떤 특별한 방식으로 그 자신이 자신의 위치에서 학문의 궁극 목적을 돌보아야 한다는 점을 말할 수도 있으며, 거기에 대학 교수로서의 자기 고유의 특별한 소명이 있다는 사실도 말해줄 것입니다. 특히 그가 자신의 본질적인 측면, 즉 자신의 소명에 사로잡힌 상태라는 것, 그리고 그가 그러한 소명이 유발하는 부단한 희생물이라는 것이 드러나고, 학생들도 학문이 존경할 만한 것이라는 사실을 배워서 이해하게 될 것입니다.

더구나 그의 직업적 소명의 이러한 측면 때문에 대학 교수의 의무가 바뀌지는 않습니다. 왜냐하면 이미 앞에서 말한 바처럼, 그는 자신이 애초의 목적을 위해 행하지 않았던 어떤 것도 최종 목적을 위해 행할 수는 없기 때문입니다. 그러나 이 소명에 대한 그 자신의 견해는 보다 안정적이며 확고하게 굳어집니다. 그가 자신에게 맡겨진 학생들을 단순히 고통스러운 이해 과정을 뛰어넘어 자립하는 데까지 이끌어가고, 활자화된 것을 뛰어넘어 정신적인 견해에까지 이끌어가려는 그 본래적 목적을 달성한다는 사실이 설령 직접적으로 가시화되며 밝혀질 수 없다고 하더라도, 그 때문에 그가 그 일을 헛되이 했다고 생각하지는 않을 것입니다. 더구나 대학에서 학문적 연구에는 본래적 연구가 뒤따라야 하는데, 학문적 연구는 이 본래적 연구를 위한 준비일 뿐입니다. 그가 이러한 연구에 강하게 관심을 가질지 여부와, 그리고 그가 지금까지 이러한 연구를 위해 나타난 바가 없었던 불씨를 흔들 속에 던져 넣을 수 있을지 여부 등을 그는 항상 알 수는 없습니다. 물론 이 불씨는 적절한 시기가 되면 틀림없이 점화될 것이긴 하지만 말입니다. 심지어 그가 그렇게까지 목표를 달성하지 못하는 가장 나쁜 경우가 발생하더라도 말입니다. 그의 활동은 여전히 또 다른 목적을 지니고 있습니다. 그리고 그의 활동이 이 다른 목적을 위해서만 어떤 일을 수행한다고 하더라도, 그의 활동은 결코 쓸모없는 것이 아닙니다. 인간에게 존중할 만한 어떤 것이 있다는 사실, 그리고 인간이 부지런함과 성실성을 통해 이 존중할 만한 것을 직관하는 상태로 고양되며, 이러한 직관 속에서 활력 있고 매우 행복할 수가 있다는 사실에 대한 믿음만이라도 적어도 유지될 수가 있다면, 그리고 몇몇 사람들만이라도 이러한 믿음을 생생하게 되새길 수가 있다면, 그래서 이 사람들이 자신이 할 일에 대한 전망을 조금만 더 높인다고 한다면, 그들이 [434] 어떤 경솔함도 없이 자신이 할 일에 착수한다면, 그리고 몇몇 사람들만이라도 비록 정신이 좀 더 풍부해진 상태로는 아니더라도 적어도 좀 더 겸손한 태도를 배워 그의 강의실을 떠나리라고 그가 기대할 수 있다면, 그렇다면 그는 어떤 성과도 없이 일을 한 것이라고 말할 수 없습니다.

'대학 교수는 학문에 대한 존경심의 표현이 된다'라고 우리는 말했습니다. 왜냐하면 그는 완전히 전적으로 그의 직업적 소명에 철두철미하게 몰두하고 전념하는 모습을 보여주고, 또한 오직 그 소명에만 헌신하는 도구의 모습을 보여주기 때문입니다.

이 직업적 소명은 무엇을 필요로 할까요? 대학 교수로서 그는 사람들이 능히 이념을 수용할 수 있도록 그들을 도야할 의무가 있습니다. 그는 이념을 알아야 하며, 이념을 붙잡고 이념에 붙들릴 수 있어야 합니다. 그런데 도대체 그가 모르는 것을 받아들일 수 있는 가능성이 어떻게 그에게 알려질 수 있을까요? 그는 이러한 수용 가능성 자체를 이미 자신 내에서 도야했어야만 하며, 그것도 아주 분명하게 의식하면서 그것을 자신 속에서 도야했어야만 합니다. 왜냐하면 이념

은 그것을 인식하려는 사람이 스스로 그것을 직접적으로 소
유할 경우에만 제대로 인식될 수 있기 때문입니다. 그리고
오직 이렇게 직접적으로 그 자신이 이념을 획득함으로써만
이념을 획득할 수 있는 기예Kunst도 알려질 수 있습니다. 그
는 이념 자체를 통해서만 이념을 수용할 수 있는 기예를 연
마할 수 있습니다. 그리고 그가 이 기예를 가장 다양한 형태
와 적용 방법을 통해 이념에 적합하게 만들고 그 기예를 다
양한 형태와 방법으로 시험해봄으로써 그는 기예를 연마할
수 있습니다. 이념은 철두철미하게 자기 고유의 특성을 지니
고 있고, 학문의 모든 메커니즘[36]과는 다른 본성을 지니고 있
습니다. 우리가 이념을 수용할 때에만 동시에 이념을 수용할
수 있는 가능성이 도야됩니다. 우리는 단순한 메커니즘의 전
달만으로는 메커니즘을 연마할 수는 있지만, 결코 이념으로
고양되지 못합니다. 대학 교수가 이념을 완전히 명확한 상태
로 이념 자체로서 파악하고, 그가 강의하는 특수한 분야를
이념의 관점에서 파악하기를 요구하는 것은, 그에게 반드시
필요한 불가결의 요구입니다. 그리고 본래 특수한 강의 분
야가 무엇인가라고 하는 그 본질적 측면은 이념으로부터 이
해되어야 마땅하다는 것도 마찬가지입니다. 왜냐하면 제각
기 특수한 분야는 단적으로 그것 자체가 강의의 목적이 아니
라, 오히려 단 하나의 이념의 특수한 형태와 측면으로서 강
의되고, 연구자를 통해 이 특수한 측면을 시험하며 이 특수

한 측면을 통해 연구자를 시험하기 위해 강의되는 것입니다. 〔435〕 학문적 연구라는 것이 무엇인가라는 점에서 학문의 본질이 결코 학문적 도야 과정이 끝날 때까지 학문 연구자에게 분명하게 전달될 수 없다고 한다면, 학문 연구는 세계에서 완전히 절멸되어버릴 수도 있으며, 더 이상 아무런 학문 연구도 행해지지 않고, 오히려 몇 가지 생계벌이Handwerk의 수만 증가하게 될 것입니다. 생동적이며 분명하게 이념을 지니고 있는 상태에서 스스로를 알지 못하는 대학 교수는, 대학 교수의 직업적 소명에 대한 존경심을 그 직업적 소명을 그대로 답습하지 않음으로써 보여줄 수밖에 없습니다. 왜냐하면 그는 이 직업적 소명의 본질을 오직 학문 연구를 거치면서 알게 되기 때문입니다.

〔구술 강의하는〕 대학 교수는 자신이 이념을 간파할 때 저술가Schriftsteller처럼 단 하나의 완전한 개념의 형태로 이념을 전달할 수가 없는 직업적 소명을 지니고 있습니다. 오히려 대학 교수는 이념을 아주 다양한 형태로 만들고 표현하고 나타내야 합니다. 왜냐하면 그가 현재 교육하려고 하는 그들에게 이념을 〔완전한 개념의 형태로 전달하지 않고〕 어떤 우연적인 외피를 걸친 형태로 전달해주어야 하기 때문입니다. 따라서 그는 단순히 이념을 그냥 소유해서는 안 되며, 엄청난 생동력과 활력 그리고 내적인 적용 가능성과 숙련성의 상태로 이념을 소유해야 합니다. 특히 그는 앞에서 언급한 학자

의 예술가적 재능이라고 할 수 있는 면을 가져야만 합니다. 이 재능은 스스로를 형성해가기 시작하는 이념의 불씨를 모든 환경에서 인정할 수 있고, 항상 가장 적절한 수단을 발견하여 이 불씨에 완벽한 생명력을 부여하여 언제나 모든 맥락과 관련시킬 수 있는 완전한 능력과 재능입니다. 이러한 능력과 재능을 갖추게 되면, 본래 무엇이 중요한지를 알게 됩니다. 저술가는 그의 이념을 위한 단 하나의 형식만을 지닐 수 있습니다. 이 형식이 완벽하기만 하다면, 저술가는 자신의 의무를 만족스럽게 수행한 것이나 다름이 없습니다. 이에 비해 대학 교수는 무한한 여러 형식들을 지녀야만 합니다. 그에게 중요한 것은 자신이 완전한 형식을 발견하는 것이 아니라, 각각의 맥락에 가장 적합한 형식을 발견하는 일입니다. 좋은 대학 교수는 그가 원한다면 곧바로 아주 좋은 저술가가 틀림없이 될 수 있습니다만, 그러나 역으로 좋은 저술가가 반드시 좋은 대학 교수가 되지는 않습니다. 또한 앞서 말한 완전한 재능과 능력은 정도의 차이가 있으며, 대학에서 가르치는 학문적 소임에 대한 정당한 요구는 최상의 재능과 능력을 지니지 못한 사람에게서도 박탈되어서는 안 됩니다.

〔436〕 대학 교수에게 필요한 이러한 숙련성 때문에 이념을 구체적으로 형태화하는 과정에서 그에게 새로운 요구가 나타납니다. 이 요구는 다음과 같은 것입니다. 그의 전달은 항상 새로우며, 신선하고 현재적인 의미를 지니는 즉각적

인 생명력의 흔적을 지니고 있어야 한다는 것입니다. 즉각적인 생동적 사유만이 낯선 사유를 소생시키고, 그 속에 침투해 들어갈 수 있습니다. 오래되고 죽은 듯한 형태는, 예전에는 그것이 그렇게 생동적이었는지는 몰라도 지금은 그렇지 않기 때문에, 다시 다른 활력이나 자기 고유의 힘을 발휘함으로써 살아 있는 상태로 복귀해야 합니다. 학문적 저술가는 이와 같은 요구를 정당하게 자신의 독자에게 할 수 있습니다만, 강의하는 대학 교수는 이러한 소임의 측면에서 저술가는 아니기 때문에 그러한 요구를 한다면 아마도 온당치 못할지도 모르겠습니다.

존경받을 만하고 신실한 사람은 이 직업적 소명을 그렇게도 확실하게 넘겨받아 그 소명을 그렇게도 오랫동안 견지하면서 전적으로 거기에 헌신합니다. 이렇게 하면서 그는 자신이 확신하여 그렇게 되어야 하는 본질적인 측면 외에 다른 어떤 것도 더 원하거나 생각하거나 욕망하지 않습니다. 그리고 그는 이렇게 함으로써 공개적으로 학문에 대한 자신의 존경심을 표시합니다.

학문 그 자체에 대해 나는 학문은 학문이기 때문에 학문 일반이 '유일하고 동일한 신적 이념'으로 존재하면서도, 그것이 출현할 때에는 모든 다양한 분야들과 형태들로 나타난다고 말하고 싶습니다. 전적으로 어떤 특정한 분야에만 자신의 일생을 헌신한 학자가 자신의 분야를 편애하고 다른 분야들에 비해 그 분야를 과대평가하는 경우는 얼마든지 있을 수 있습니다. 이렇게 되는 이유는 그가 그 분야에 이미 익숙해졌거나, 아니면 뛰어난 분야를 통해 스스로가 더욱더 뛰어나게 되었다고 믿기 때문입니다. 〔그런데〕 이 학자가 이 분야를 갈고 다듬는 데 여전히 그렇게 많은 힘을 기울인다고 할지라도, 그는 학문 자체를 경애하는 편견 없는 사람이 결코 그러한 분야를 주시하도록 할 수는 없을 것입니다. 그리고 그가 자신이 선호하는 분야와 마찬가지로 학문에 속하는 다른 분야들을 조금이라도 존중하는 태도를 보이지 않는다면, 그는 그 분야를 날카롭게 비판하는 관찰자를 설득하지 못할 것입니다. 이를 통해 분명해지는 바는, 그가 학문을 결코 통일체 Eins로 파악하지 못했으며, 그가 자신의 전공 분야를 이 통일체로서의 학문의 관점에서 파악하지 못하고, 따라서 그 스스로 자신의 전공 분야를 결코 학문으로서 사랑한 것이 아니라 오히려 단지 생계벌이Handwerk로만 〔437〕 사랑한 꼴이 되고 맙니다. 생계벌이에 집착하는 이러한 일은 물론 다른 측면에서 바람직할 만한 것일 수도 있지만, 그러나 학문 내에서는 어떤 사람이 학자라고 불리게 되면 완전히 전적으로 배제되어야 하는 것이기도 합니다. 비록 제한된 전공 분야 내에서이긴 하지만, 현실적으로 학문에 참여하며 자신의 전공 분야를 이 학문 전체의 관점에서 유지하는 그런 사람은 아마도 다른 학문들로부터 결코 그렇게 많은 것들을 사실상 배울 수는 없을 것입니다. 그러나 그는 각 분야의 본질만은 보편적으로 이해할 수 있고, 학문의 모든 분야들에 대해 지속적으로 동일하게 유지되는 존경심을 항상 표현할 것입니다.

자신의 직업적 소명과 학문에 대해 이렇게 애정을 보임으로써만, 그는 앞으로 더욱더 정진하든지 아니면 정진되어지는 자신의 모습을 보여줄 수 있을 것입니다. 그 자신이나 다른 사람의 개인적 관심을 전혀 고려하지 않은 상태에서 다른 어떤 것에 의해 이러한 일이 이루어질 수는 없습니다. 다른 곳에서와 마찬가지로 여기서도 나는 신성한 것에 접촉한 주변에 결코 〔아무런 관심도 보이지 않으면서〕 참여해보려 하지 않는 보통의 사람들에 대해서는 침묵을 지키려 합니다. 그렇다고 예를 들어, 만일 학문 분야에 새로운 종류의 성직자가 임명된다면 이 학문 분야의 성직자는 '보통의 그런 사람들이 청취하려고 하지 않기 때문에 들려고도 하지 않는 것은 말하지 않는 것이 가능한 좋다'고 생각하기가 십상이지만, 그러나 내가 이러한 사실을 가능하다고 전제하는 것은 아닙니다. 그들이 들려고 하지 않기 때문에 이것을 그들이 기꺼이 청취하게끔 지속적으로 유도를 해야 합니다. 이 정도로 전적으로 비천하거나 평범하지만은 않은 탈선만이 아마도 그들을 고려하면서도 동시에 그 반대편도 제시될 수 있도록 기회를 제공해줄 것입니다. 대학 교수가 자신의 직업적 소명 속에서 모든 것을 드러내야 한다고 하면서, 학문을 말하고 학문을 확산하려는 학자의 욕망을 말하고, 청중들에 대한 가장 깊은 애정을 말해보도록 합시다. 이 청중들은 단순히 대학 교수의 청중이 아니라 학문의 미래 일꾼입니다. 여러분과 학문, 그리고 학문과 학문을 분명하게 하려는 이 생동적인 열망이 연설하고 있는 것이지 교수가 연설하고 있는 것이 아닙니다. 들려주려는 목적으로 연설하려는 노력과 아름답게 들리기 위해 아름답게 연설하려는 노력, 그리고 다른 사람들이 그것을 알도록 하려는 노력, 이와 같이 말을 하려는 노력, 그것도 사태가 침묵하고 있는데도 불구하고 아름다운 말을 하려고 애쓰는 것은 어떤 인간적인 존엄에도 적합하지 않습니다. 기껏해야 대학 교수의 말만이 인간적인 존엄에 적합할 뿐입니다. 왜냐하면 그는 동시에 미래 세대를 위해 학문의 존엄을 대표하기 때문입니다.

그의 직업적 소명과 학문에 대한 이러한 애정에 [438] 그는 전적으로 헌신합니다. 학문과 그가 학문을 파악하는 그러한 측면들이 지속적으로 새로워지고 그 속에서 신선하게 만발한다는 사실 속에 그의 소임의 본질이 있습니다. 신선한 정신적 젊음이 지닌 이 상태로 그는 자신을 유지할 것입니다. 그 속에서는 어떤 형태도 경직되거나 화석화되지 않을 것입니다. 날마다 해돋이는 그에게 그의 소임에 대한 새로운 기쁨과 애정을 가져다줄 것이며 그와 함께 새로운 전망을 내다보게 해줄 것입니다. 절대적인 신적인 이념은 빈틈이 없이 완결되어 있는 상태geschlossen[37]이며, 또한 이 신적인 이념은 개별적인 부분들 각각 속에서도 빈틈이 없이 완결되어 있는 상태입니다. 특정한 시대에 이 이념이 표현된 특정한 형식도 마찬가지로 빈틈없이 완결되어 있는 상태입니다. 이념을 전달할 때 발생하는 생동적인 자극은, 마치 인류가 계속해서 창조되는 일이 무한한 것처럼 무한합니다. 이러한 전달의 형식이 제아무리 이 시대의 가장 완전한 형식이라고 하더라도 경직되기 시작한 그러한 테두리 속에 어느 누구도 머물지 않을 것입니다. 젊은이의 원천이 끊임없이 분출되지 않는 사람은 아무도 없습니다. 이 원천이 그를 계속 지탱하도록 만드는 원천인 한, 그는 이 원천에 진심으로 헌신할 것입니다. 이 원천 때문에 그가 무슨 일이든 진행할 수 있다면, 그는 생성되는 삶의 이러한 교체에 더 이상 연연하지 않기로 결심하고, 죽은 것과 산 것을 분리할 것입니다.

여러분, 여러분들에게 미리 제시한 나의 강의 계획에 의하면 '대학 교수의 존엄성에 대하여'라는 이 대상도 다룰 예정이었습니다. 바로 여기서 우리가 고찰해야 하는 나머지 대상들에 대해 연설할 때 필요한 예리함을, 나는 이 대상을 다루는 작업을 할 때도 똑같이 발휘할 수 있기를 바랍니다. 모든 나머지 대상들의 경우에도 고찰을 통해 저의 예리함이 무뎌져서는 안 되는데, 〔이러한 예리함을 지니고 있기 때문에〕 내가 연설한 그 직업적 소명을 제 스스로 관장하고 있으며, 내가 그것에 대해 연설한 바로 그 시간에도 내가 또한 그 소명을 관장하고 있었다는 사실을 인식하게 됩니다. 그러한 의식을 통해서 나에게는 이러한 확고부동한 상태가 주어지게 된 것이며, 여러분들도 다른 적절한 때가 오면 한번 기꺼이 탐구해보시기 바랍니다. 이제 여러분들은 다음과 같은 사실을 생동적으로 고찰하는 것에 만족하실 것입니다. 즉 '우리가 진리를 어떻게 적용하든지 간에, 진리는 항상 진실하게 머문다'라는 사실 말입니다.

저술가에 대하여

〔439〕전체 학자의 직업적 소명에 대해 여러분들에게 전달한 개요를 완성하고 마무리하기 위해, 오늘 나는 저술가라는 직업적 소명에 대해서만 추가로 얘기하려고 합니다.

나는 지금까지 내가 탐구하는 특수한 대상들에 대해 투명하고 분명하게 그 이념을 밝혔습니다. 시대 속에 있는 여러 가지 일들의 현실적인 속성에 대해 나는 곁눈질하지 않을 것입니다. 그런데 오늘 다루어야 하는 대상을 이와 동일한 방식으로 처리하는 것은 거의 불가능합니다. 저술가라는 개념은 우리 시대에는 아직 거의 알려져 있지 않습니다. 그리고 가장 바람직스럽지 못한 것이 이 저술가라는 이름을 강탈해 버렸습니다. 이것이 바로 이 시대의 본래적인 해악과 그의 나머지 모든 학문적 폐해의 진정한 거처입니다. 여기에서는 불명예스러운 것이 명예스럽게 되고 고무되며 존중받고 보답을 받고 있습니다.

거의 일반적으로 퍼져 있는 견해에 따른다면, 어떤 사람들은 인쇄되는 것이 어떤 것인지, 그것이 어떤 결과를 낳을지를 전혀 고려하지 않고 어떤 것을 무작정 인쇄하도록 하는 것이 자기한테 이득이고 명예가 된다고 생각합니다. 그러나 다른 사람이 출판한 것을 다시 출판하거나 아니면 다른 사람의 저술을 비평하는 사람들은 학문의 공화국에서 최상의 서열을 요구하고 있습니다. 우리가 사태를 그 참된 본질에 따라 고찰한다고 하더라도, 어떻게 그렇게 불합리한 견해가 발생했는지를 설명할 수는 없으며, 그 근본 원인을 파악할 수도 없습니다.

따라서 여기서 중요한 문제는 다음과 같은 것입니다. 즉 한물 간 다른 오락거리를 대신해서 지난 세기의 후반기에 독자층이 등장했다는 것입니다. 이 새로운 사치는 시대를 거치면서 새로운 유행품을 요구합니다. 왜냐하면 〔440〕 어떤 사람이 이전에 자신이 한번 읽어본 것을 다시 읽는다든가, 아니면 우리 이전의 사람들이 이미 읽어본 것을 다시 읽는 것은 불가능하기 때문입니다. 마치 이것은 똑같은 옷을 입고 여러 번 반복해서 화려한 사교장에 나타나는 것이 무례한 일인 것과 마찬가집니다. 물건을 공급하여 생계를 잇거나 부유해지려고 애쓰면서 새로운 욕구는 새로운 업무를 만들었습니다. 이러한 업무에 종사한 최초의 기업가는 요행히 성공을 거두었고 이는 다시 다른 사람들을 자극했습니다. 그렇게 해서 우리 시대에 초래된 상황은, 전체 생업이 너무 비싸게 값

이 매겨지게 되었고 너무 많은 물건들이 수요자의 상태에 맞춰 공급되었다는 것입니다. 도서 출판업자는 모든 다른 물건 판매업자처럼 자신의 물건을 제조업자에게 주문합니다. 그는 큰 시장에 그 물건을 가져가기 위해 그렇게 합니다. 그리고 그는 때로는 단지 머릿속에서만 만들어내었을 뿐 아직 주문도 되지 않은 상품을 거래하기도 합니다. 거기에 글이 쓰여야 하기 때문에 글을 쓰는 저술가는 제조업자나 다름없습니다. 그는 왜 도서 제조업자가 다른 모든 제조업자보다 뛰어난지를 파악하지 못합니다. 오히려 그는 자신이 촉진한 사치가 다른 모든 사치보다 더 해악이 크기 때문에, 다른 모든 제조업자들보다 자신이 더 비천할 수밖에 없다고 생각할지도 모르겠습니다. 그가 한 출판업자를 찾게 되면, 그것이 그에게는 유용하고 이익이 되는 일일 수 있습니다. 그러나 동시에 어떻게 그가 명예를 얻을 수 있을지는 알 수 없습니다. 단적으로 물건의 상품성 여부에 대한 판단일 수밖에 없는 인쇄업자의 판단은 의심할 여지없이 어떤 가치도 지닐 수 없는 것임이 분명합니다.

저작권 영업이 이렇게 쇄도하면서 어떤 사람들은 인쇄된 책 모두에서 유일하게 지속성이 있는 책을 만들어 이 책을 읽은 독자는 다른 나머지 책들을 읽지 않아도 되도록 하기 위해 묘안들을 짜냈습니다. 그나마 다행스러운 일은, 아직까지 최종 목적이 결코 달성되지 않았으며, 모든 사람이 이러한 책을 읽는 데에만 열중하지는 않았다는 사실입니다. 왜냐하면 만일 이 경우라면[38] 어떤 다른 책들도 계속해서 조판되거나 인쇄되지는 않았을 것이기 때문입니다. 그렇게 되었더라면, 사실상 이 한 권의 유일한 책도 자신의 고유한 실존 가능성을 위해서는 (441) 항상 다른 책들을 전제할 수밖에 없기 때문에, 결국에는 다른 책들과 마찬가지로 인쇄되지 못하는 상황을 맞이할 수밖에 없었을 것입니다.

보통 학술 총서, 학술 잡지 등등으로 부르는 그러한 저작들을 기획하는 사업가는 많은 사사로운 것들을 인심 좋게 기부함으로써 여전히 자기 이익을 챙겼습니다. 물론 그 사업가는 그렇게 사사로운 것들을 스스로는 사사로운 것이라고 부르지는 않지만 말입니다. 이 사사로운 것들을 기부함으로써 결국 그는 자신의 책이 크게 성공하는 것을 보고, (기부와 같이) 낯선 일을 통해 이익과 명예를 얻을 수 있었던 것입니다. 착상의 궁색함이 그렇게 쉽게 드러나도록 하지 않기 위해 사람들은 변명을 일삼았습니다. 동시에 사람들은 뛰어난 작가들을 판정하려고 합니다. 즉 철저하게 사유하고 깊이 통찰하는 사람들에게 천박하게 변명을 늘어놓습니다. 여기에는 두 가지 경우가 있을 수 있습니다. 첫 번째 경우는, 대부분의 책이 그렇듯이 어떤 책이 썩 좋지 않은 책이지만, 세상에 더 많이 존재하기 위해 단순히 인쇄된 경우가 있을 수 있습니다. 이럴 경우 그 책은 본래 저술되어서는 안 되는 책이었던 것입니다. 이 책 자체는 무의미하며 그렇기 때문에 그 책에 대한 평가도 마찬가지로 무의미합니다. 또 다른 경우는, 우리가 나중에 진정한 저술가의 작품을 기술할 때 얘기가 나오겠지만, 책은 하나의 작품ein Werk입니다. 이 경우 책은 예술이나 학문에 헌신한 아주 활력 있는 생애의 결과물입니다. 그리고 마찬가지로 활력 있는 또 다른 전체 생애가 이 책을 평가하는 데 바쳐져야 마땅할 것입니다. 불과 몇 장으로 이루어진 그런 책이 출판되고 난 후 25년 아니 50년 후 그에 대한 최종적인 평가를 쉽게 하기는 힘듭니다. 훌륭한 인물은 그때마다 새롭게 나타나는 시간의 추이에 따라 일이 중단되도록 하기보다 자기가 만든 장기적인 계획에 따라 하나의 상호 관련성 있는 저작을 출간하기를 선호합니다. 사실상 시간의 추이에 따라 일이 계속 중단되면, 재차 생겨나는 새로운 현상은 앞서 발생한 중단 상태를 또 중단시킬 것이고 이 상태는 계속되기 마련입니다. 그래서 훌륭한 인물은 이러한 일보다는 계획성 있는 지속적인 일을 선호하기 때문에, 앞서 말했듯이 그와 같은 헌금 모집에 기부하는 것이 얼마나 그에게 명예가 될 수 있을지는 모르겠습니다. 다른 사람들이 생각한 것을 단지 항상 주의하기만 하면서, 신도 그렇게 하기를 바라듯이, 이 다른 사람의 생각에 '사유하려는 자신의 시도'를 결합시키려는 그와 같은 경향성은 미성숙한 사람들의 결정적인 표식이자 비자립적이며 의존적인 재능의 결정적 표식입니다. 또한 그러한 저작의 기획자가 우리가 마치 재판관의 직을 수행할 능력이 있는 것처럼 우리를 존경하고 우리에게 그러한 임무를 위임할 때, 마땅히 존경심이 생기는 것 아닐까요? 그러나 일반적으로는 그들의 판단은 [442] 보통의 무지한 인쇄업자와 다를 바가 없습니다. 즉 어떤 물건이 상품성이 있는지 그렇지 않은지를 고려하거나 아니면 그들 비평학회의 몫이 될 겉모양새만을 고려하든지 하는 것입니다.

나는 내가 방금 말한 부분에서 매우 역설적인 것을 말했다는 사실을 잘 알고 있습니다. 우리 모두는 이러한 맥락에서 보통 사람들이 문학Literatur이라고 부를 수 있는 그런 학문에 어떤 방식으로건 관여하는 것이기 때문에, 그와 같은 일에 관여한다는 것이 하나의 행운이며, 하나의 이점이라고 생각하면서 우리 모두는 성장합니다. 이것은 도야된 우리 시대의 철학적 동시대인이 지니고 있는 명예로운 탁월성으로서, 적어도 선입견을 부수고 무화시킬 수 있는 힘을 지니고 있습니다. 그러한 일에 관여하는 것을 변호하기 위해 인용할 만한 그럴싸한 유일한 방책은 제 소견으로는 다음과 같은 것입니다. 대중은 옳은 일이 그에게 닥치게 되면 이미 거기에 현존해 있어야 하지 때가 닥쳐서 모여야 하는 것은 아니기 때문에, 주의를 집중하고 서로 단결한 상태로 고무되어 있어야 한다는 것입니다. 그러나 저는 다음과 같이 대답하고 싶습니다. 우선 의도한 목적을 달성하기 위한 수단은 아주 많이 연장될 수 있는 것처럼 보입니다. 그리고 미래 세대가 진지하게 어떤 일에 전념할 수 있도록 그 이전의 수많은 세대들이 아무 일에도 전념하지 않았다는 것은 일종의 〔이전 세대의〕 위대한 희생이라고 할 수도 있을 것입니다. 하지만 그렇게 해서 대중이 불합리한 활동을 통해 단지 계속 고무된 상태만을 지속하고, 그렇게 해서 동시에 불합리하게 되고 잘못 도야되거나 옳은 것에 대해 타락한 상태를 보인다는 것은 전혀 진실이 아닙니다. 우리 시대에 많은 뛰어난 것이 나타났으며, 저는 여기서 칸트 철학[39]만을 언급하려고 합니다. 그러나 그와 같은 출판 시장의 활동은 그렇게 뛰어난 것을 절멸시키며 곡해하고 품위를 떨어뜨렸으며, 그렇게 해서 그로부터 정신Geist은 사라져버리고 정신을 대신해서 유령Gespenst만이 주변을 어슬렁거리지만, 아무도 그를 존경하지는 않습니다.

어떻게 저술 자체를 위한 저술 활동이 존경을 받을 수 있는지를, 오늘날 학자의 역사는 철저하고도 근본적으로 사유하는 사람에게 훈계해줍니다. 몇몇 소수의 저술가를 제외하고, 나머지 사람들은 마치 저술가인 척하는 활동을 통해 다른 사람이 그들에게 보여줄 수 있을 만한 것보다 더 나쁜 증거를 보여주었고, 어느 누구도 단지 보통의 수준으로 사유하는 사람에게 〔443〕 호의를 가지려고 하지는 않을 것입니다. 사람들은 상당수의 그들 자신의 저술에 드러나듯이 불합리하고 정신이 전혀 깃들지 않은 채 사유하면서 그렇게 천박하게 연구를 했습니다. 그 당대를 위한 유일한 수단과 얼마 남지 않은 존경심, 그리고 당대에 영향을 미칠 수 있는 각고의 노력을 지속하는 것은 다음과 같은 일입니다. 즉 자신의 의견을 크게 소리 내어 말하면서 경청해주기를 바라는 사람들이 더 좋지 않은 사람들이며, 그 자리에서는 침묵하고 있지만 더 좋고 완전한 것에 대한 가르침을 받을 준비가 되어 있는 사람들이 있다는 것을 가정하는 일입니다.

따라서 이 시대의 저술가라는 생업은 내가 저술가라는 직업적 소명에 대해 말할 때 연설한 그러한 직업이 아니며, 완전히 그와는 다른 것입니다.

나는 이미 앞에서 저술가라는 개념과 초보 학자에게 구두로 강의하는 교수자를 구분하면서 저술가에 대해 얘기한 바 있습니다. 이 둘은 언어Sprache로 이념을 표현할 수 있으며 전달할 수 있습니다. 다시 말해, 후자(구두로 강의하는 교수자)는 특정한 개인에 대해 그들의 감수성을 고려해야 하는 입장이라면, 전자(저술가)는 어떤 개인에 대한 고려도 하지 않고 이 시대에 이념이 취할 수 있는 가장 완전한 형태로 표현하는 입장입니다.

저술가는 이념을 표현해야 합니다. 따라서 그는 이념에 관여할 수밖에 없습니다.[40] 모든 저술가의 작품들은 예술 작품이든지 아니면 학술 저작입니다. 예술 작품에 관련해서 보자면, 예술 작품은 직접적으로 어떤 개념도 표현하지 않으며 독자에게 아무것도 가르치려고 하지 않기 때문에, 예술 작품이 단지 이념만을 표현할 수 있고 직접적으로 이념을 고무시켜야 하거나, 그렇지 않으면 예술 작품이 공허한 말장난만을 일삼으며 전혀 어떤 내실도 없거나 하는 상황은 쉽게 이해할 수 있습니다. 더 나아가 학술 저작에 관련해서 보자면, 그러한 저작의 집필자는 학문을 단순히 단편적인 사실로만historisch 파악하고 다른 사람이 전해준 대로만 학문을 유지하려고 하지 않았습니다. 오히려 그는 자기 자신을 통해 어떤 측면에서는 이상적으로idealisch 학문을 철저히 간파하려고 했으며, 학문을 자기 창조적으로, 이전에는 결코 없었던 새로운 방식으로 자기 스스로 산출하려고 했습니다. 그가 단편적인 사실에 의거한 전통의 연쇄 고리의 한 항일뿐이며, 학문이라는 것을 지금까지 그대로 유지해온 대로 그리고 그가 만들어낸 어떤 저작에 이미 기록해놓은 것처럼 그렇게 재현하는 것 외에는 다른 일을 할 수 없다고 한다면, [444] 그는 자신이 여러 지식들을 알아낸 그와 같은 원천으로부터 다른 사람들도 여러 가지 지식들을 조용히 알아내도록 할 수 있었을 것입니다. [만일 사정이 이렇다면] 도대체 그가 글을 써서 무엇을 전달하는 중재자 역할을 왜 해야 합니까? 이미 이루어진 일을 또 건드릴 이유가 없습니다. [한 일을 또 하는] 이 나태함은 아주 매력적인 정의감과 양심적인 태도만을 지니고 있는 사람이라면 어느 누구도 허락하지 않습니다. 그가 감당할 수 없는 일을 하는 경우라면, 그의 능력에 적합한 일을 찾아야만 했을까요? 학문에서는 어떤 새로운 다른 작품을 쓴다는 것이 중요하지 않습니다. 정작 중요한 일은 지금까지 현존한 작품들 모두보다 좀 더 나은 단 하나의 작품을 쓰는 것입니다. 이러한 일을 할 수 없는 사람은 결코 저술 활동을 해서는 안 됩니다. 만일 그런 능력이 없음에도 불구하고 저술 활동을 한다면, 이것은 일종의 죄이며 진솔함이 결핍된 상태를 보여주는 것입니다. 이런 사람은 기껏해야 자신의 생각이 모자라고 그가 알고자 하는 사태의 개념이 완전히 결핍되어 있다는 점을 변명으로 늘어놓을 뿐입니다.

저술가는 이념을 언어로 표현해야 합니다. 그것도 보편적으로 타당한 방식을 통해 완전한 형식으로 표현해야 합니다. 이념은 저술가 속에서 너무나도 분명하고도 생동적이며 자립적이 될 수 있으며, 그렇게 해서 이념 자체는 언어로 저술가에게 자신을 표현합니다. 그리고 그와 같은 언어를 가장 내밀한 원칙으로 간파하면서 이념 본연의 힘에 의해 이념 스스로 하나의 몸뚱이를 만듭니다. 이때에는 이념 스스로가 연설을 해야지 저술가가 연설하는 것은 아닙니다. 저술가가 지닌 모든 임의성, 그의 전체 개별성, 그 고유의 방식과 기교는 그가 강연을 할 때에는 사라져버리고 맙니다. 이렇게 하는 이유는 오직 이념의 방식과 기교만이 살아 있기 위해서, 이념이 이 언어와 시대 속에서 획득할 수 있는 최상의 생명을 누리기 위해서입니다. 구술 강의하는 교수자는 다른 사람들이 받아들이는 능력에 맞춰야 하는 의무를 지고 있지만, 저술가는 이 의무로부터 자유로운 것처럼, 저술가는 구술 강의하는 교수자가 할 수 있는 변명을 할 수가 없습니다. 그는 어떤 정해진 독자를 염두에 두지 않고, 오히려 자신의 독자를 구성하며 독자가 반드시 그러해야 하는 바의 법칙을 독자에게 부여해줍니다. 특정한 시대와 특정한 대중이 주시하는 인쇄물이 있을 수 있습니다. 우리는 이후에 좀 더 자세히 살펴보겠지만, 어떤 상황 때문에 그와 같은 저술물들이 필연적으로 생겨날 수밖에 없었는지를 살펴볼 것입니다.[41] [445] 우리가 여기서 논의하고 있는 것은 본래적인 의미에서의 저술가들의 작품이 아닙니다. 오히려 여기에 인쇄되어 있는 것은 인쇄된 연설이라고 할 수 있습니다. 왜냐하면 여러 연설들을 모은다고 해서 그렇게 모아진 것이 하나로 통합되는 것은 아니기 때문입니다.[42]

이러한 방식으로 저술가의 인격 속에서 이념이 언어를 지배할 수 있기 위해 요구되는 것은, 저술가 자신이 우선 언어를 자신의 위력으로 다룰 수 있어야 한다는 것입니다. 이념은 직접적으로 언어에 간섭하지는 않습니다. 오히려 이념은 단지 언어의 소유자인 저술가를 매개로 해서만 언어에 간섭합니다. 저술가에게 불가결한, 언어를 지배하는 힘은 오랫동안 지속적인 예습Vorübung을 필요로 합니다. 이 예습은 미래의 작품에 대한 예비 연구이지 그 자체가 작품은 아니며, 성실한 학자가 저술하는 것이지만 결코 인쇄하도록 하지는 않는 것입니다. 나는 오랫동안 지속적인 예습이 필요하다고 말씀드렸습니다. 그러나 여기서 다행히도 서로 상대적인 두 가지 요구들이 서로를 필요로 합니다. 즉 이념이 더 생동적이 되면 그만큼 더 언어는 도야되고, 표현의 유능함이 증대되면 이념은 더 분명하게 분출할 수 있습니다.

이러한 것들이 모든 진정한 저술가의 최우선적이며 가장 필수적인 조건입니다. 장차 저술 작품을 내놓을 수 있는 사람 속에만 생생하게 살아 있는 것이 바로 이념 자체이며, 이와 같은 〔저술가는〕 앞서 말한 방식대로 자신의 이념을 언어로 표현할 수 있습니다. 작품을 준비하고 예비하면서 앞으로 그의 계획을 완수할 때 이 저술가를 추동하는 것은 바로 이 이념입니다.

그는 이념에 의해 고무되어 저술가라는 직업적 소명에 대해 존귀하고 신성한 견해에 이르게 됩니다. 구술 강의하는 학자-교수자의 작품은 직접적이며 즉자적이고 항상 단지 시간에 구속되어 있는 작품일 뿐입니다. 그래서 그 작품은 그에게 모든 걸 위탁한 사람들의 도야의 단계를 고려합니다. 그가 자신의 가르침하에서 또다시 미래를 위한 존경스러운 교수자가 형성되며, 또 이 교수자가 장차 다시 다른 사람들을 교육하고, 이러한 과정이 무한히 이어지리라는 사실을 전제해야 하는 점에서 보자면, 그는 영원을 위해 활동하는 자로 생각될 수 있습니다. [446] 그러나 저술가의 작품은 그 자체로 영원을 위한 작품입니다. 미래 시대는 저술가가 그의 작품 속에다 기록해놓은 학문 분야에서 더 높은 비약을 할 수 있기를 바랍니다. 그는 단순히 학문만을 기록해둔 것이 아니라, 한 시대의 특정하며 온전한 전체 성격을 이 학문과 연관하여 자신의 작품 속에 기록해두었습니다. 그리고 지구상에 인간이 존재하는 한 이 사람은 자신의 관심을 유지합니다. 변화 가능성과는 독립해서 그의 문자는 모든 시대에 이 문자를 소생시킬 수 있는 모든 인간에게 말을 걸고, 시간의 끝에 이르기까지 고양시키고 고귀하게 만듭니다.

그에게 익숙한 이러한 신성함으로 이 이념은 그를 추동하며, 오직 이 이념만이 그를 추동할 수 있습니다. 그는 자신이 처한 모든 일에서 성공을 거두고 자신이 추구한 순수하고 완전한 상태로 그의 작품이 존재하게 될 때까지는 어떤 것이 성공적이었다는 사실을 믿지 않습니다. 그는 자신의 개성에 대해 어떤 애정도 가지지 않고, 그에게 계속적으로 깨달음을 주는 이 이념에 성실하게 전념하면서, 더욱더 확실한 시선으로 그의 오래된 본성의 모든 잔여물들을 이것들에 어울리는 이념의 표현을 통해 인식하며, 이 잔여물들로부터 스스로 자유롭기 위해 부단히 자기 자신과 투쟁을 벌입니다. 그가 이러한 절대적 자유와 순수성을 의식하지 못하는 한, 그는 완성된 것이 아니며, 계속 앞으로 일을 진행해나가야 합니다. 앞에서 기술한 것과 같이 학문에 대한 주목이 매우 확산되고 다른 모든 일들에 더욱 쓸모 있는 그러한 학문에 도달한 시대에는, 그가 자신의 노고에 대해 일시적으로 변명을 해야 하는 일이 발생할 수도 있습니다. 다른 직업 양식들, 예를 들면 '구술 강의하는 학자-교수자'라는 직업 양식은 그렇게 하도록 그를 사주할 수도 있습니다. 그러나 그는 이렇게 인쇄된 저술물을 그것과는 다른 어떤 것을 위해 어떤 시대와 상황을 고려하여 일시적인 변명으로 희생시키지는 않을 것입니다. 그렇다고 그는 그 저술물을 영원성을 위해 완성된 하나의 작품으로 간주하지도 않을 것입니다.

이 이념만이 그를 추동하며 다른 것은 그렇지 못합니다. 어떤 개인에 대한 고려는 그에게는 사라져버리고 없습니다. 그렇다고 나는 그가 자신의 목적을 수행하면서 그 스스로를 순전히 망각해버린다고 말하는 것은 아닙니다. [447] 이와 같은 것은 충분히 설명되었다고 생각합니다. 다른 사람들의 개성도 그 자신의 것처럼 진리와 이념에 반하여 더 이상 중요하지 않습니다. 나는 그에게 다른 저술가와 학자를 시민적이거나 개인적인 관계들로 피곤하게 만들지 말라고 얘기하려는 것은 아닙니다. 이상과 같이 고찰한 내용이 지니는 가치도 따져봐야 하지만, 그와 마찬가지로 여기서 다루는 본질적인 사태와 유관한 사람의 품위를 놓고 철저히 숙고해야만 할 일입니다. 그러나 내가 여기에 덧붙이고 싶은 말은, 그가 자신의 개별성을 보호하려 해서는 결코 오류를 반박할 수도 없고 오류 대신 진리를 세울 수도 없을 것이라는 점입니다. 어떤 다른 사람에 대해 다음과 같은 것을 전제하는 것은 그 자체로 가장 심한 모욕이 될 것입니다. 즉 그가 저질러놓은 실수를 남들이 비난하거나 그가 알아차리지 못한 진리를 남들이 제시할 수 있다면 이를 통해 그는 모욕을 받을 수 있다는 것입니다. 그리고 여기서 가장 심한 모욕이라고 할 수 있는 것은 절반만이라도 이성을 가진 사람이라면 느낄 수 있는 그렇게 심한 모욕이 될 것입니다. 개별성을 조금도 고려치 않고 이렇게 엄밀하고도 솔직담백하게 그가 인식한 대로 진리를 제시하면, 그는 어떤 오류도 저지를 수 없을 것입니다. 또한 소위 그렇게도 잘 정돈된 세상을 경멸하는 눈초리가 있다면 결코 오류를 저지르지 않을 것입니다. 이 세상은 사교 모임과의 비교를 통해서만 그러한 저술가의 사정을 이해할 수 있으며, 학자들 서로 간의 교류에 궁전의 에티켓을 부여하고 싶어 합니다.

나는 이제 이 강의를 마무리하려고 합니다. 여기서 내가 강의한 내용들 가운데 어떤 한 내용에라도 지속가능하고 향상을 지도하는 안내자가 되어줄 사상이 들어 있었다고 한다면, 이것이 아마도 이 강의와 나 자신이 의도한 바일 것입니다. 그리고 이러한 방식으로만 나는 여러분들의 기억에 추천

할 만한 사람으로 남고 싶습니다.

학자의 사명과 본질

피히테는 1805년 여름 학기에 에를랑겐 대학교에서 '학자의 본질'을 주제로 공개 강연을 했으며, 이 강연의 내용을 1806년 1월에 베를린에서 펴낸 결과물이 바로 이 책《학자의 본질에 관한 열 차례의 강의》(이하《학자의 본질》로 표기)다. 이 책의 본래 제목은 "학자의 본질과 자유의 영역에서 그것이 드러난 모습에 대하여Über das Wesen des Gelehrten, und seine Erscheinungen im Gebiete der Freiheit"이다. 글 첫머리에서 피히테 자신이 밝히고 있듯, 이《학자의 본질》이라는 글은《학자의 사명에 관한 몇 차례의 강의》(책세상, 2002. 이하《학자의 사명》으로 표기)의 후속편이다. 피히테는 '학자'를 주제로 예나 대학교, 에를랑겐 대학교, 베를린 대학교에서 강연을 했고, 이 강연들은 각기 분리된 것이 아니라 윤리적인 관점에서 '학자'의 사명과 본질을 일관되게 다루고 있다. 이 점에서 강연들에 기초한 세 편의 글들은 한 편의 글로 보아도 무방하다.

1794년에 출판된 《학자의 사명》과 비교해 보면, 《학자의 본질》은 우선 분량 면에서 거의 두 배에 달한다. 《학자의 사명》이 다섯 번의 강의로 이루어져 있는 데 비해, 《학자의 본질》은 열 번의 강의로 이루어져 있다. 분량뿐만 아니라 내용 면에서도 《학자의 본질》은 대학에서 연구를 시작하는 '초보 학자'와 '완성된 학자'를 구분하여 논의를 전개하고, 학문 연구자의 '성실성'과 '학문의 자유', 그리고 '저술'과 '구술'이라는 구체적인 학문 연구의 방법에 관한 논의도 다루고 있다. 《학자의 사명》이 주로 '학자가 어떤 존재인가?'라는 기초적인 물음만을 다룬 데 비해, 《학자의 본질》은 좀 더 세부적인 문제들로 구분하여 논의를 전개하고 있다는 점이 특징이다.

　　《학자의 사명》에 관해 강연을 할 때에도 피히테가 강연 시간을 일요일로 잡았다는 이유 등으로 종교재판소에 회부되어 강연이 중단되기도 하고 무신론자로 오해받기도 했지만, 이 《학자의 본질》에 관한 강연에 대해서도 학문 외적인 이유로 피히테의 강연에 문제 제기가 없지 않았음을 서문을 통해 짐작할 수 있다. 그러나 피히테는 독단적인 신앙보다는 합리성에 기초한 논증을 통해 학자에 관해 논의를 진행하려는 자신의 의지를 굽히지 않고 있다. 피히테는 교회의 권위에 기초한 맹목적인 신앙, 인간의 자유를 도리어 억압하는 종교의 독단적 행태들을 가장 혐오했다. 학자의 사명과 본질에 관한 논의에서도 신적인 이념과 학자의 관계를 철저하게 규명하려는 피히테의 문제의식을 통해 이러한 점들을 엿볼 수 있다.

이미 번역 출판된 《학자의 사명》의 해제에서 피히테의 생애와 사상, 저술 등에 관해 설명한 바 있으므로, 여기서는 《학자의 본질》의 본문을 위주로 소개하려고 한다.

첫 번째 강의에서 피히테는 '진정한 학자의 윤리'는 외적으로 규정될 수 없고 '학자의 본질' 자체로부터 규정되어야 하기에, '학자의 본질'로부터 '진정한 학자의 윤리'를 도출하는 것이 강연의 목적이라고 밝힌다. 이 목적을 피히테는 '학자의 본질에 대한 서술이자, 자유의 영역 내에서 학자의 본질이 현상하는 바에 대한 서술'이라고 표현한다. 진정한 의미에서 인간의 삶은 자연적인 감관에 현상하는 바와 같은 것이 아니다. 자연적인 현상의 배후에 있는 고차적인 근거는 '신적인 이념'이다. 신적인 이념의 내용은 인간의 자유로운 행위를 통해 부분적으로 감성계에서 나타난다. 신적인 이념을 인식하도록 해주는 것이 '학문적 도야와 교육'이고, 여기에 참여하는 사람이 '그 시대의 학자'이다. 따라서 단순히 '우수한 한 인간'이 아니라 '진정한 학자'는 '그 시대의 학문적 도야'를 통해 '신적인 이념'에 도달하거나 도달하려고 노력하는 사람이다. 피히테에 의하면 '무엇'이라는 질문과 '어떻게'라는 질문은 구분되며, '학자의 본질'은 이 두 측면에서 모두 규명되어야 한다. 특히, '학자의 본질'은 '고정된 것'이 아니라 '생성의 과정'에서 파악되어야 하기에, '학자의 본질이 무엇인가?'라는 질문뿐만 아니라 '어떻게 그는 학자가 되었는가?', '어떻게 그는 학자로서 스스로를 유지해나가고 있는가?'라는 질문도 함께 제기하고 대답할 수 있어야 한다. 피히테에 의하면 학자는 신적인 이념만을 사랑하며, 이 이념이 내재하는 학자 자신을 사랑함으로써 스스로를 유지해나가는 존재이다.

두 번째 강의에서 피히테는 '신적 이념'이 무엇인지에 관해 좀 더 상세히 밝힌다. '절대적인 의미에서의 존재'는 생동적이고 활동적인 '삶'이며, 이 삶은 '신적인 삶', 더 나아가 '신 자체'와 동일하다. 이 신적인 삶이 외적으로 드러난 것이 '세계'다. 신적인 삶은 살아 있는 현존재인 '인류'의 총체적인 삶을 통해 현상하므로, 자연 속에서는 인간만이 신적인 삶을 통찰할 수 있다. 피히테는 신적인 이념이 인간의 삶 속에 나타난 다섯 가지 종류를 '입법의 영역', '자연 인식과 자연 지배의 영역', '종교의 영역', '학문의 영역', '예술의 영역'으로 본다. 그리고 이 영역의 이념들을 획득하도록 도야하는 방식을 '학문적 도야'라고 하고, 학문적 도야를 통해 열망하던 것을 획득하려는 이들을 '그 시대의 학자'라고 부른다.

세 번째 강의에서 피히테는 '초보 학자'에 관해 논의하는데, 이 논의에서 중심은 '타고난 재능'과 '후천적인 노력'의 관계다. 초보 학자에게서 신적인 이념은 명증성을 얻고자 애쓰는 방식으로 나타난다. 어떤 것을 향한 초자연적인 추동력을

'타고난 재능'으로서 '천재'라고 부른다. 그런데 피히테는 '천재'는 '정신적 도야'를 통해서만 발현될 수 있다고 주장한다. 학문 연구의 과정에서 '타고난 재능'과 '후천적인 노력' 양자는 통합되어야 하고 그중 어느 하나가 없다면 둘 다 아무 쓸모가 없게 된다. 이러한 통합을 통해 학자가 마치 '자유로운 예술가'처럼 될 때 학자는 완성되며, 완성된 후에도 지속적인 도야는 필요하다. 또한 재능이 제대로 발현되려면 재능은 재능 자신에만 매달려서는 안 되며 '사태'를 주시할 수 있어야 한다. 재능이 있는지 없는지를 의식하기 전에 이미 재능을 발휘하며 활동하는 사태의 측면이 중요하다. 이 점에서 '자기 시험'을 통해 재능 여부를 판단하려는 것은 부적절하다. 설사 재능이 있는지 여부를 알기 위해 시험해본다고 해도 어느 누구도 정확하게 대답을 해줄 수 없기 때문이다. 재능이 있는지 여부를 결정할 수 있는 유일한 기준은 최대한 노력을 통해 재능을 발휘하여 어떤 성과를 낸 후에야 적용할 수 있으므로 연구 과정에 있는 사람은 알 수가 없다. 따라서 이제 연구를 시작하는 '초보 학자'에게 피히테는 재능이 있는지 여부를 따지려고 하기보다는 자신 속에 현존하는 것이 마침내 반드시 드러날 것처럼 그렇게 계속해서 행동하고 노력하라고 권하고 있다. 비록 노력 후에 결과가 좋지 않다고 해도, '연구하는 과정에 있지 않으면 재능도 있을 수 없고, 그가 노력하고 있는 바로 그 장소가 스스로 즐겁게 종사하는 신의 의지가 임하는 장소라는 사실'을 의식한 것만으로도 충분하다. 이는 위대한 천재라고 해도 의식하지 못하는 사실이다.

네 번째와 다섯 번째 강의에서 피히테는 '연구와 연구자의 성실성'에 관해 논의를 펼친다. 이전 강의에서 밝힌 것처럼, 초보 학자는 자신 속에 재능이 있는지 여부를 미리 확정할 수가 없기 때문에, 그가 할 수 있는 일은 마치 자신 속에 재능이 있는 것처럼 가정하고 성실하게 연구를 수행하는 것이다. 피히테에 의하면 '성실성'은 인간의 행위를 직접 규정하는 실천적 이념이다. 성실하다고 해서 모두 다 성공하는 것은 아니지만, 설사 성공하지 못한다고 해도 성실한 태도를 통해 스스로 존엄하게 될 수는 있다. 자신이 학자라는 신분에 적합한지 여부도 초보 학자는 결정할 수 없기 때문에, 필연성이 지정한 위치에서 가능한 모든 일을 행하는 것이 신의 뜻에 부합하는 성실성이다. 초보 연구자는 그가 현재 어떤 존재인가라는 점에서가 아니라 '당위적으로 어떤 존재가 되어야 하는가'라는 점에서 신성하고 존경을 받을 만하다. 피히테는 재능과 성실성이 부족한 사람에게 학문은 어떤 세속적인 목적을 획득하기 위한 수단일 뿐이지만, 성실하게 학문에 헌신하는 사람에게 학문은 신적인 것에 직접 접촉하는 최고의 분야라고 강조한다.

다섯 번째 강의에서 피히테는 무엇을 '역사적으로 고찰하는 방식'과 '철학적으로 고찰하는 방식'을 구분하고, 후자의 관점에서 '학자의 본질'에 관한 질문을 '신이 사유한다고 가정하면, 신은 어떻게 학자의 본질을 사유해야 할 것인가?'라는 물음으로 바꾸어 제시한다. 학자는 신적인 사상 속에서 사유된 존재자이자 동시에 신을 심사숙고하는 사람이기도 하다. 신적인 사상은 학자의 삶 속에서 직접적으로 발생하거나 간접적으로 발생하는데, 전자가 '천재'의 경우이고 후자가 '성실성'의 경우이다. 학자의 본질을 신적인 사상으로 파악하는 것은 그 학자의 인격을 신성하고 존엄한 것으로 만드는 일이다. 학자의 삶은 '통속적이며 고귀하지 않은 것'과의 접촉을 피한다. 학자는 내적 감각을 통해 무엇이 통속적이고 비천한 것인가를 아는데, 상상력을 밑으로 끌어내리고 신성한 것에 대한 취미를 둔감하게 만드는 것이 바로 그러한 것이다. 성숙한 세대와 달리 젊은 연구자들은 좋지 않은 상황에 감염될 우려가 있으므로, 통속적인 것에 대한 '진지한 증오'가 이들이 지녀야 할 몫이다. 술에 취하거나 육욕에 사로잡히는 나태함에 안주하여 그것이 습관이 되지 않도록 젊은 연구자는 깨어 있어야 한다. 또한, 인간에게서 '자기 자신에 대한 존경', '자기 자신에 대한 믿음', '자기 자신을 신뢰하면서 자신의 의도를 고려할 줄 아는 능력'을 박탈해버리는 것은 천박하고 통속적인 것이다. 고귀한 젊은 연구자는 이 천박하고 통속적인 것에 얽매이지 않고, 자신이 한 말을 지키며 자신이 제기한 것을 확실하게 실행한다. 이 점에서 성실한 연구자는 일상적인 사건의 노예가 되지 않는다.

여섯 번째 강의에서 피히테는 '학문의 자유'가 무엇인지 밝힌다. 역사적 관점에서 볼 때, '학문의 자유'는 전통적인 관습들과 감시, 학교의 강제로부터 해방되는 것이다. 이에 비해 철학적 관점에서 볼 때, '학문의 자유'는 학자 스스로 법칙을 부여하며 완수하는 것이다. 학자는 이념의 작용력을 순수성과 통합하고 이념의 영향력을 존엄성과 통합할 수 있어야 하는데, 어떤 법칙도 학자에게 이 통합의 수단을 지정해줄 수 없다. 학자는 이 통합을 자기 자신의 선의지에 의해 이루어야 한다. 피히테는 교양을 갖춘 초보 학자의 도야에서 필요한 것들로 '예리한 분별력', '심오한 인륜성', '자기 자신에 대한 엄격한 주의력', '자신에 대한 섬세한 부끄러움' 등을 제시한다. 이러한 감각과 품성을 도야하는 일이 초보 학자에게는 매우 본질적이다.

일곱 번째 강의부터 피히테는 '보편적으로 완성된 학자'에 관해 논의한다. '초보 학자'와 달리 '완성된 학자'는 그 개인의 삶이 '이념의 삶'에 현실적으로 동화되어 있다. 여기서 피히테는 이전 강의에서와 달리 '대학에서 연구하는 사람'과 대학 졸업 후에도 계속 연구를 하는 '초보 학자'를 구분하고, 학문의 연구 정도에 따라 다양한 직업과 직무를 수행할 수 있다고 밝힌다. 하위의 직무에도 여러 층위가 있고 이들 여러 직무들은 보다 하위의 학문에 연관되며, 이들보다 더 높은 위치에 있는 학자라는 직업 목록에는 포함되지 않는다. 하위의 직무에 종사하는 사람들은 그 직무의 목적을 자신 아닌 '낯선 사람'에 의해 부여 받는다. 이에 비해 '본래적인 학자의 직업'에는 두 가지 상이한 부류가 있다. 첫 번째 부류에는 인간적인 일들을 자립적으로 자기 고유의 개념에 따라 현실 세계에서 실행할 수 있는 모든 사람이 포함된다. 피히테는 이 사람들을 '신이 현실과 직접적으로 접촉하는 점들'이라고 부른다. 두 번째 부류는 인간들 가운데 신적 이념에 대한 인식을 보존하고 이 인식을 지속적으로 보다 명확하고 분명한 상태로 고양시키는 일을 하는 사람들이다. 피히테는 이 사람들을 '신성 속에 있는 사상의 순수한 정신성과 물질적인 힘과 작용 사이의 매개자'라고 부른다. 피히테는 두 번째 부류를 다시 두 종류로 구분하는데, 그중 하나는 '학자를 교육하는 사람'이고, 다른 하나는 '저술가'이다. 전자는 미래에 학자가 될 사람들에게 이념들을 직접 전달하고 그들의 능력을 다듬어주는 사람들이며, 후자는 자신의 개념을 완벽하고도 완결적으로 다듬어서 저술물의 형태로 전해주는 사람들이다.

여덟 번째 강의에서 피히테는 '통치자'에 관해 언급한다. 학자의 본질에 관해 진행되던 논의가 갑자기 '통치자'를 주제로 삼은 것은, 피히테가 '통치자'가 수행하는 역할을 논하고 싶었기 때문이며, 이는 그가 에를랑겐 대학교에 머물던 시기에 발발한 프랑스와의 전쟁과도 무관하지 않다. 이념은 현실에서 인간의 여러 관계들을 자유로운 원리를 통해 배치하고 이끄는 이들에 의해 표현된다. 이 인간의 관계들을 다른 것들과 결부시켜 스스로 판단하고 결정하는 직무를 수행하는 이를 피히테는 '통치자'라고 부른다. 통치자는 전체와 부분, 이상과 현실을 통합적으로 볼 줄 아는 사람이어야 한다. 통치자는 자신의 소임을 인류에 대한 신적인 소명으로 파악한다. 피히테는 이처럼 인류 전체의 관점에서 사태를 바라보는 통치자는 각 개인들의 사사로운 처지에 대해서는 어떤 책임도 질 수 없으며, 더불어 통치자 자신의 개성이나 인격도 그의 소임을 수행해나가는 과정에서는 드러나지 않는다고 단언한다. 통치자는 신적인 이념이 원하는 일이 발생하기를 원하며, 심지어 전쟁마저도 그것이 신적인 소명으로 인식된다면 전쟁의 불가피성이 신의 의지의 차원에서 정당화될 수 있다. 통치자의 인격과 생애에는 이념을 위한 부단한 희생 외에 아무것도 남지 않기 때문에, 통치자는 이 세상에 '신이 가장 직접적으로 나타난 모습'이라고 피히테는 표현한다. 잠시 학자라는 강연의 주제를 벗어나, '통치자 속에 신이 존재한다'고 거침없이 주장하는 피히테는 신성로마제국이 멸망하기 직전에 독일이 처한 현실 정치적 상황을 주목하고 있고, 이 문제의식은 1807년부터 '독일 국민에게 고함'이라는 잘 알려진 대중 연설로 이어진다.

아홉 번째 강의의 서두에서 피히테는 '학자의 목적과 수행

규칙'에 따라 학자를 두 부류로 구분한다. 그중 하나는 '구술하는 학자-교수자'이고, 나머지 하나는 학문적 저술 활동을 펼치는 '저술가'이다. 피히테는 전자를 아홉 번째 강의에서, 후자를 마지막 열 번째 강의에서 논의한다. 아홉 번째 강의에서 '학자-교수자'는 다시 '낮은 단계의 학교에서 가르치는 교사'와 '종합대학교에서 가르치는 교수'로 구분된다. 피히테는 대학교에 입학하기 전에 이미 학생들이 교사들을 통해 특히 고전어와 고전 작품에 대한 학습에 전념해야 한다고 강조한다. 이 학습을 통해 청년들에게 '존엄하고 고귀한 정신'이 심어질 수 있으며, 이러한 준비 과정을 거쳐 종합대학교에 입학하면 본격적으로 학생은 연구자가 되어 자신의 생애를 바칠 학문에 대한 사명감과 학자의 본질, 존엄함에 대해 분명하게 인식하게 된다. 대학교에 입학한 초보 학자는 이전과는 달리 자기 자신이 스스로에게 스승이 될 수 있는 능력을 배양해야 한다. 그래서 대학교에서 교수자는 연구자를 구속하여 뭔가를 가르치려 하지 않고 그를 강의실에서 해방시켜 연구자 스스로의 자율적 판단과 결정에 모든 일을 맡긴다. 대학 교수는 신적인 이념에 도달하려는 최종 목적을 위해 학생들에게 학문에 대한 존경심을 심어준다. 그리고 대학 교수는 자신의 삶에서 직접 행동을 통해 하나의 범례를 학생들에게 보여주어야 하고, '학문에 대한 존경심의 표현'이 된다. 대학 교수는 이미 자신 속에 이념을 수용할 수 있는 가능성을 도야된 상태로 지니고 있어야 하고, '기술적 메커니즘' 이 아니라 '이념을 수용할 수 있는 기예'를 지속적으로 도야 함으로써 이념으로 고양될 수 있다. 그리고 각기 다른 특수 한 분야는 '단 하나의 이념'으로부터 비롯된 측면에서 이해 되고 교육이 이루어져야 한다. 여기서 피히테는 '학문의 본 질'에 대한 분명한 인식 없이 무턱대고 학문 연구가 행해지 면 그것은 생계벌이 수만 조금 증가하게 하는 것일 뿐이라고 비판적 견해를 피력한다. 그렇다고 피히테가 학문의 현실적 요구를 간과하는 것은 아니다. 저술가와 달리 대학에서 구술 로 강의하는 대학 교수는 자신이 전달하고자 하는 이념을 다 양한 형태로 만들고 표현할 줄 알아야 한다. 이를 위해 대학 교수에게는 '예술가적 재능'이 필요하며, 효과적인 교육을 위해 각각의 맥락에서 가장 적합한 형식을 발견할 수 있어야 한다. 그의 가르침이 생동적이려면 그의 전달 방식이 항상 새롭고 신선하고 현재적인 의미를 지녀야 한다. 이 점에서 피히테는 이전의 오래된 교육 방식이 현재에는 새롭게 갱신 될 필요가 있음을 강조하기도 한다. 또한, 학문 일반은 '유일 하고 동일한 신적 이념'에서 나온 것임에도 불구하고, 이 이 념에서 비롯된 학문들이 특정한 분야들로 분화되는 상황에 서 특정 분야에 전문가인 학자는 자신이 종사하는 분야만을 편애하고 다른 분야를 존중하지 않는 태도를 보일 수도 있 다. 피히테는 이처럼 학문을 '통일체'로 파악하지 못하는 사람들은 자신의 전공 분야를 학문으로 사랑하는 것이 아니라 단지 밥벌이로만 사랑한 꼴이라고 비판한다. 대학 교수가 학자인 한, 그는 자신의 직업적 소명과 학문에 대한 사랑에 전적으로 헌신해야 한다.

마지막 열 번째 강의에서 피히테는 '저술가'의 직업적 소명에 관해 논하면서 전체 강의를 마무리한다. 피히테는 인쇄 출판물이 보편화되어 독자층이 형성된 것이 그리 오래되지 않았음을 지적하면서, 독서가 하나의 유행처럼 상품화된 현실을 비판적으로 바라보고 있다. 마치 시장에서 물건을 팔고 사듯이 도서 출판업자가 유행할 만한 책을 사전 주문 제작하고 그것을 상품처럼 거래하는 일은 어떤 가치도 없는 일이라는 것이다. 책에도 두 종류가 있는데, 그중 하나는 세상에 더 많이 존재하기 위해 그냥 인쇄된 책이고, 다른 하나는 '진정한 저술가의 작품'이다. 전자와 달리 후자는 '아주 활력 있는 생애의 결과물'이므로 이런 책에 대한 제대로 된 평가는 단기간에 이루어질 수 없고 또 다른 생애가 바쳐져야 할 정도로 오랜 시간과 신중함을 요한다. 이처럼 '저술가인 척하는 활동'이 아니라 '저술 자체를 위한 저술 활동'을 통해 이념이 표현되어야 하며 이렇게 이념을 표현하는 저술가의 작품에는 '예술 작품'과 '학술 저작'이라는 두 종류가 있다. 특히 학문에서는 또 다른 새로운 작품을 쓰기보다 '좀 더 나은 단 하나의 작품'을 쓰는 것이 중요하다. 저술가는 저술 활동을 통해 이념을 언어로 표현해야 하고, 이념 자체는 언어로 저술가에게 자신을 표현한다. 이렇게 하려면 저술가가 언어를 자신의 힘을 발휘하는 수단으로 삼아 자유롭게 다룰 수 있어야 하고, 언어를 지배하는 힘은 지속적으로 연습해야 얻을 수 있다.

이상과 같이 '학자의 본질'에 관한 강의에서 피히테는 심층적인 학술적 논증을 통해 자신의 논의를 전개하기보다, 일반인들뿐만 아니라 특히 대학에 입학하여 이제 막 학문을 시작하려는 학생들에게 한 명의 학자로서 자신의 견해를 솔직담백하게 전달하는 데 집중하고 있다. 피히테가 주장하고 있는 내용들 중에는 현재 우리 시대의 젊은이들의 눈높이에서 본다면 매우 '고답적高踏的'이라고 느껴질 수 있는 것들도 있다. 타고난 재능보다 성실한 노력을 더 강조하거나 학문을 밥벌이로 생각하면 안 된다는 그의 주장은 매우 비현실적인 것으로 느껴질 수도 있기 때문이다. 그러나 학문을 하나의 통일체로 간주하고 특정 전문 분야에 종사하는 사람들이 다른 분야에도 관심을 가지며 존중하는 마음을 지녀야 한다는 그의 주장은 지금 이 시대에도 귀 기울여 들을 가치가 충분하다. 세월이 흘러 시대가 변하고 사람들이 살아가는 모습들이 변한다고 해도 '인간이 인간답게 살아야 한다'는 진리는 변할 수가 없다. 피히테는 기본적으로 인간을 이념적 존재, 고귀한 존재로 보고 있기 때문에, 학자의 본질에 관한 그의 모든 논의도 이러한 그의 관점에서 이해되어야 마땅하다. 우리 시대가 종교와 예술과 철학조차도 상품화되지 않으면 존속할 수 없는 시대인 만큼 인간의 존엄성, 고귀함도 덩달아 상품으로 전락해버린 사실이 이제는 전혀 낯설지 않다. 그렇다고 올바르지 않은 걸 올바르다고 할 수는 없지 않은가? 아무리 시대가 궁핍하다고 해도 인간이 밥만으로 사는 존재는 아니지 않은가?

1 '학자의 본질'에 관한 열 개 강의들 중 열 번째 강의의 제목이 '저술
   가에 대하여'이다. 여기서 피히테는 저술을 하는 학자에 관해 논하고
   있다.

2 '학자의 사명에 관한 강의들'은 피히테가 1794년 예나 대학교에서 여
   름 학기에 진행한 강의를 가리킨다. 우리말 번역본으로는 다음이 있
   다. J. G. 피히테, 《학자의 사명에 관한 몇 차례의 강의》, 서정혁 옮김
   (책세상, 2002). 이 '학자의 본질'에 관한 열 번의 강의는 '학자의 사
   명에 관한 강의들'의 후속편으로 이해해도 무방하다.

3 피히테는 1794년부터 예나 대학교에서 강의를 시작하였으나 번번이
   무신론자라는 의혹을 샀고, '학자의 사명에 관한 강의'도 그를 무신
   론자로 낙인찍은 하나의 근거로 작용했다. 1795년 여름에 피히테는
   예나에서 오스만슈타트로 돌아가는데, 그 후에도 지속적으로 무신론
   자라는 공격을 받았으며, 심지어 가톨릭 교구에 의해 무신론자로 고
   소당하기도 했다. 그러던 중 피히테는 슐레겔 및 낭만주의자들의 도
   움으로 베를린 대학교로 가서 1801년부터 사적인 강의를 통해 그의
   학문론을 새롭게 전개하고자 했다. 그후 1805년 잠깐 에를랑겐 대학
   교에 초빙되지만 전쟁으로 인해 오래 머물지는 못한다. 이 '학자의
   본질'에 관한 강의는 1805년 여름 학기에 에를랑겐 대학교에서 행했

지만, 출판은 서문의 날짜로 보건대 1806년 베를린에서 했다는 것을 알 수 있다. 이 서문에서 피히테는 이와 같은 상황들을 염두에 두고 이러한 언급을 하고 있는 것이다.

4 여기서 Sitte는 문맥에 따라 '윤리'나 '인륜', '관습'으로 번역하고 Moral은 대부분 '도덕'으로 번역한다. Sitte는 본래 Moral과 동일하지 않지만, 피히테는 여기서 이 둘을 동일하게 '도덕'으로 이해하고 있 기도 하다.

5 여기서 '표현되다'는 독일어로 sich äussere이며, '외화하다', '드러내 다'로도 번역 가능하다.

6 여기서 '현시되다'는 독일어 darstellen sich의 번역이다. 이하에서 Darstellung은 '거기da 세움stellen' 또는 '서술', '현시'로 번역한다. 피히테는 신적인 이념이 유한한 세계로 외화하는 과정과 운동을 Darstellung이라고 표현하는데, 이 말은 '거기da 있음sein'으로서의 현존Dasein과 같은 맥락에서 이해되어야 한다.

7 여기서 '두 가지 주장'은 '도덕과 윤리를 외적인 규칙과 지침에 의한 성격과 행동의 도야로 보려는 주장'과 '도덕과 윤리는 인간의 내적인 본질 속에 있다는 주장'을 가리킨다.

8 여기서 '실용적'이라는 말은 단순히 도구적인 결과적 유용성만을 뜻 하지 않는다. 본래 pragma는 '실행'을 의미하는데, 피히테는 이 말의 이러한 본래적 의미를 중시한다.

9 여기서 '삶'은 '자신만의 고귀한 삶'이 아니라 '세계에 관여하거나 이 세계를 발전시키는 삶'이다.

10 여기서 '그'는 '이념에 도달하지도 못하면서 이념을 향한 도야를 계 속해온 사람'을 가리킨다.

11 이 글에서 Lehrer는 문맥에 따라 '교사'나 '교수자'로 번역한다.

12 Kunst는 보통 '예술'로 번역되지만, 여기서 피히테는 이 용어를 심

미적 차원이 아닌 어떤 목적을 성취할 수 있는 수단의 의미로 사용하고 있다. 그래서 '예술'보다는 '기예'라는 말이 더 어울린다. 다만, 그렇다고 해서 이 '기예'가 단순히 수단적인 의미에서 종속적이기만한 기술과 동일시되어서는 안 된다.

13 앞서 언급한 '곱지 않은 시선이나, 학술적 상태의 검열' 등을 가리킨다.

14 여기서 '청중 여러분들'은 피히테의 이 강연을 듣고 있는 대학생들을 가리키며, 피히테는 대학생들을 '완성된 학자'와 대비하여 이제막 학문적 연구를 시작하려는 '초보 학자'로 보고 있다.

15 여기서 '사적인 방식'은 감각에 기초한 경험적인 방식을 의미한다.

16 여기서 피히테는 '자연철학'에 대해 비판하면서 다분히 셸링의 자연철학을 염두에 두고 있는 것으로 보인다. 셸링은 이미 1790년대 말에 자연철학에 관한 구상들을 글로 발표하는데, 그 핵심 내용은 자연을 정신과 마찬가지로 능동적이고 자율적인 활동성으로 이해한다는 것이다. 이에 관련된 셸링의 글로는 다음을 참조할 것. F.W.J. 셸링, 《자연철학의 이념》, 한자경 옮김(서울: 서광사, 1999). 여기에는 자연철학에 관한 셸링의 다음과 같은 글들이 실려 있다. 〈자연철학의 이념Ideen zu einer Philosophie der Natur〉(1797). 〈자연철학 체계의 제1기획Erster Entwurf eines Systems der Naturphilosophie〉(1799). 〈자연철학 체계의 기획 서설Einleitung zu dem Entwurf eines Systems der Naturphilosophie〉(1799).

17 여기서 '그것의 관점'은 '본질이 어떠어떠하다라는 사실을 고려하는 것'을 의미한다. 그러나 무엇이 어떠하다는 사실을 안다고 해서, 그무엇이 어떻게 그러한가를 아는 것은 아니다. 따라서 이하에서 피히테는 이 '그것의 관점'과 '어떻게의 관점'을 구분하고 있다.

18 여기서 '앞에서 언급된 철학'은 앞서 363-364쪽에서 언급한 '자연철학'을 말한다.

19 여기서 '정언명령kategorischer Imperativ'은 칸트의 윤리학에서 도덕법
    칙을 의미하는 것으로 판단된다. 칸트는 '행위 일반의 보편적 합법
    칙성'만이 '의지의 원리'로 사용되어야 한다는 점에서, 도덕법칙은
    어떤 질료적 내용도 고려하지 않은 상태에서 구성되어야 한다고 보
    고, 도덕법칙을 다음과 같은 '정언명령'으로 정식화한다. "네 의지
    의 준칙이 항상 동시에 보편적 법칙 수립의 원리로서 타당할 수 있
    도록 그렇게 행위하라."(I. 칸트,《실천이성비판》, 백종현 옮김(서울:
    아카넷, 2002), 86쪽(§7)).《윤리형이상학 정초》에서는 이렇게 표현
    된다. "나는 나의 준칙이 보편적 법칙이 되어야만 할 것을 내가 의욕
    할 수 있도록 오로지 그렇게만 처신해야 한다."(I. 칸트,《윤리형이
    상학 정초》, 백종현 옮김(서울: 아카넷, 2005), 94쪽)). "그러므로 정언
    명령은 오로지 유일하며, 그것은 '그 준칙이 보편적 법칙이 될 것을,
    그 준칙을 통해 네가 동시에 의욕할 수 있는 오직 그런 준칙에 따라
    서만 행위하라'는 것이다."(같은 책, 132쪽). 이외에도 칸트는《윤리
    형이상학 정초》에서 다음과 같이 두 가지 정언명령을 추가하고 있
    다. 각각 '자연의 정식'과 '목적의 정식'이라고 불리는 도덕법칙은 다
    음과 같다. "마치 너의 행위의 준칙이 너의 의지에 의해 보편적 자연
    법칙이 되어야 하는 것처럼 그렇게 행위하라."(같은 책, 132-133쪽).
    "너 자신의 인격에 있어서나 다른 모든 사람의 인격에 있어서 인간
    성을 항상 목적으로서 대하지, 결코 한낱 수단으로 대하지 않도록
    행위하라."(같은 책, 148쪽).

20 여기서 '신적인 이념이 인간 속에서 외화되어 나타난 다섯 가지 종
    류들'은 '입법의 영역', '자연 인식과 자연 지배의 영역', '종교의 영
    역', '학문의 영역', '예술의 영역'이다.

21 여기서 첫 번째 가정은 '그 자체로 신적 이념 일반을 그 근원적 통일
    과 불가분의 상태로 얻고자 애쓰는 추동력이 똑같이 근원적으로 그

리고 감성계에서 특정한 개인이 최초로 현상할 때 형태화된다'라는 가정이다. 두 번째 가정은 '개인에게 이 본래적 접촉점이 그에게 제시되는 다양한 재료들에서 개인의 힘이 비로소 전개되는 동안에만 도야되고, 이 접촉점이 충분히 발전된 힘의 계기들에서는 우연히 나타나는 그러한 재료들에 언제나 속하게 된다'는 가정이다. 전자는 타고난 천재를 강조하고, 후자는 꾸준한 노력에 의한 도야를 강조한다.

22 여기서 das Gemeine는 문맥에 따라 '일상적인 것', '통속적인 것' 등으로 번역한다.

23 '초보 학자'라는 개념과 '대학에서 연구하는 사람'〔대학생〕이라는 두 개념을 말한다. 피히테는 앞에서는 이 둘을 동일한 의미로 사용했으나, 이후에서는 초보 학자의 연구가 대학에서 종결되지 않는다는 점에서 이 둘을 구분하고 있다.

24 여기서 '밥벌이'는 Handwerk의 번역어이다. 본래 Handwerk는 '손으로 하는 일', 즉 '수작업'을 뜻하지만, 그 의미가 전이되어 일상생활에서 생계유지를 위해 여러 가지 기술을 사용하는 실용적인 일 전부를 가리킨다.

25 Beruf는 '직업'이나 '소명'이라고 번역하여, Geschäft처럼 단순히 어떤 업무를 처리하는 '소임' 또는 '직무'와 구분한다. Geschäft는 일반적인 '용무'를 뜻하기도 하지만, 이윤을 추구하는 영업이나 장사, 경영을 뜻하기도 한다. 이에 비해 Beruf는 berufen이라는 동사에서 유래한 말로, 일반적인 용무나 이윤을 추구하는 일이 아니라, 하늘에서 부여받은 천부적 직업을 뜻한다.

26 여기서 '학자를 교육하는 사람Gehehrten-Erzieher'과 아홉 번째 강의에 나오는 '학자-교수자Gehehrte-Lehrer'는 다르다.

27 그러나 실제로 피히테의 이 강의에는 통치자에 관한 언급은 있지

않다.

28 historisch를 '단편적인 사실에 의거해서만'이라고 번역했다. 피히테
는 Historie를 보통 '역사'라고 번역되는 독일어 Geschichte와 다른
의미로 사용하고 있다. Historie는 일차적으로 직접적이고 개별적인
'경험적 사실'을 의미한다.

29 바로 앞 문장에서 인류가 어떤 존재일 수 있고, 존재여야 하며, 존
재인가라는 인류의 본질에 관한 물음은 동시에 인류의 규정에 대한
물음이기도 하다. 인류의 규정은 또한 인류의 사명으로 해석된다.

30 인류 자체를 하나의 개체로 표현하는 이유는 개체Individuum가 '더
이상 분해 불가능한 단일체'를 의미하기 때문이다. 여기서 피히테는
인류를 하나의 일자로 파악하고 있다.

31 여기서 피히테는 '명예'와 '명성'을 구분한다. '명예'는 존중과 존경
을 뜻하지만, 이에 비해 '명성'은 칭찬과 자랑을 뜻한다.

32 여기서 '학자-교수자'는 Gelehrte-Lehrer의 번역이다. 사실상 Ge-
lehrte는 뭔가를 연구하고 배우는 관점에서 사용하는 말이고, 반대
로 Lehrer는 뭔가를 가르치고 전달하는 관점에서 사용하는 말이다.
그런데, 피히테는 강의와 같은 구술 활동을 통해 학생들을 가르치면
서도 학문 연구를 하는 이를 '학자-교수자'라고 부른다.

33 학교에서 가르치는 과목 내용들을 말한다.

34 대표적으로 고전 헬라스어나 라틴어 등을 말한다.

35 여기서 '대학 교수'는 일차적으로 대학에서 학생들을 가르치며 강의
도 하고 연구도 하는 전문 학자를 가리킨다. 9장의 제목 '구술하는
학자-교수자'에 포함되지만 그와 동일하지는 않다.

36 여기서 '메커니즘'은 Mechanismus의 번역어이다. 이는 학문에서
'기계적으로 적용되는 방법론'을 뜻한다. 피히테는 이념을 획득할
수 있게 하는 기예Kunst와 그렇지 못한 '메커니즘'을 구분하고 있다.

이 점에서 '메커니즘'은 단순히 수단으로 이용되는 '기술적 방법'으로 이해될 수 있다.

37 이것은 원의 형태로 완성되어 꽉 차 있는 상태를 가리키는 표현이다.

38 '모든 사람이 이 한 권의 책을 읽는 데에만 열중했다고 한다면'을 가리킨다.

39 이처럼 칸트 철학을 당대의 뛰어난 업적 중의 하나로 간주하는 피히테의 태도에서, 피히테는 철학을 시작한 초기나 다름없이 이 시기에도 여전히 자신을 칸트와 연관지어 사유하고자 했다는 것을 알 수 있다. 잘 알려져 있다시피, 피히테를 본격적인 철학의 세계로 이끈 사람이 칸트이기도 하다. 피히테의 《모든 계시의 비판》이 칸트의 소개로 익명으로 처음 출판되었을 때 사람들은 이 책이 칸트의 종교철학 저서라고 생각하기도 했다. 여기서 피히테는 당대의 출판 환경에 관해 논하면서 다분히 과거의 이러한 자신의 경험을 되돌아보고 있는 것으로 판단된다.

40 여기서 '관여하다'는 독일어 teilhaftig sein의 번역어다. 본래 철학 개념사적으로 보자면, teilhaftig는 '플라톤의 이데아 분유설'에까지 거슬러 올라갈 수 있다. 여기서 이념에 관여하고 참여한다는 것은 다른 말로 이념을 서로 나누어 가진다는 것을 뜻한다.

41 이 강의 내용은 '학자의 본질'이라는 이 두 번째 강연으로 종결되지 않고 그다음 세 번째 강연으로 이어진다.

42 여기서 Versammlung과 zusammenbringen의 차이에 유의해야 한다. Versammlung은 상이한 것들을 그냥 한데 모으는 것인 반면, zusammenbringen은 상이한 것들을 통일성으로 가져가는 것이다.

더 읽어야 할 자료들

요한 G. 피히테,《학자의 사명에 관한 몇 차례의 강의》, 서정혁 옮김(책세상, 2002)

이 책은 피히테가 1794년 예나 대학교의 여름 학기에 행한 강연을 출판한 것이다. 피히테는 도덕의 관점에서 학자의 사명과 본질에 대해 세 차례에 걸쳐 강연을 했는데, 이 책은 그중 첫 번째로 행한 다섯 번의 강의들을 묶어 책으로 낸 것이다. 이 책에서 피히테는 선험적이고 연역적인 서술 방식에 따라 논의를 전개한다. 즉 '학자의 사명'을 규정하기 위해 우선 '인간의 사명'을 규정하고, 그다음에 '한 사회 내에서 인간의 사명'을 규정한 후 마지막으로 '사회의 한 신분인 학자의 사명'을 규정하고 있다. 이 책은《학자의 본질에 관한 열 차례의 강의》의 전편이라고 할 수 있기 때문에 먼저 읽어두면 이해하는 데 많은 도움이 될 것이다.

요한 G. 피히테,《학문론 또는 이른바 철학의 개념에 관하여》, 이신철 옮김(철학과현실사, 2005)

이 책은 상대적으로 많이 알려져 있는《전체 지식론의 기초》(1784)보다 먼저 쓰인 것으로 1784년 초판이 출판되었으며, 피히테가 자신의 학문론(지식학) 개념과 그 체계를 처음으로 밝히고 있는 책이다. '학자의 본질'에 관한 논의는 '학문의 개념'과 밀접히 연관되어 있으므로, 피히테의 학문론의 기본 내용을 이해하는 것이 필요하다. 이 글에서 피히테는 철학이 하나의 체계적 학문이라는 점을 전제하고, 이 학문의 개념 자체를 선험적으로 규명하고 있다. 학문을 구성하는 여러 개별 명제들을 전체 체계의 입장에서 보면, 이 개별 명제들에 확실성을 부여하는 근본 명제가 있어야 한다. 그리고 이 근본 명제의 확실성에 대한 물음은 학문 일반의 내용과 형식, 즉 학문 자체의 가능성에 대한 물음으로 이어진다. 이러한 맥락에서 '학문 일반의 학문'인 철학에 관해 논하는 것이 학문론이고, 피히테는 이 학문론의 단 하나의 근본 명제로 '나는 나다'라는 자아의 절대적 자기 정립을 제시한다.

요한 G. 피히테, 《전체 지식론의 기초》, 한자경 옮김(서광사, 1996)

이 책은 1794년에 처음 발표된 것으로 피히테의 학문론(지식학)을 이해하기 위해 꼭 필요하다. 물론 피히테 자신은 이 책을 통해 자신의 학문론이 완결된다고 생각하지 않고 계속 학문론에 관한 저서들을 집필하지만, 학문론의 기본 원리와 체계의 전체 구상은 이미 이 책에서 확립되었다고 할 수 있다. 서문에서 피히테 자신도 밝히고 있듯이, 이 책은 대중을 위한 저술물이 아니라 매우 논리적이고 치밀하게 전개되는 철학 이론서이다. 그래서 그가 여러 차례 진행한 공개 강연을 정리한 글들보다는 이해하기가 쉽지 않다. 그러나 피히테의 핵심 사상뿐만 아니라 독일 관념론의 주요 화두인 '자기의식'을 이해하기 위해서는 반드시 한 번은 독파해야 할 책이다.

요한 G. 피히테, 《인간의 사명》, 한자경 옮김(서광사, 1996)

이 글은 시기상 《학자의 사명》과 《학자의 본질》 사이 1800년에 발표된 것으로, 학자에 관한 논의의 기초가 되는 인간에 대한 피히테의 관점을 이해하기 위해 읽을 필요가 있다. 이 책은 모두 3장으로 구성되어 있다. 1장 '의심'에서는 우선 자연과 인간의 관계를 규명함으로써 인간이 어떤 존재인가라는 물음을 제기한다. 2장 '지식'에서는 물자체의 존재를 부정함으로써 1장에서 제시된 의심을 극복하는 지식을 보여준다. 여기서 인식하는 자아에게서 독립적인 물자체는 존재하지 않는다는 피히테의 일관된 주장이 개진된다. 3장 '믿음'에서는 물자체와는 달리 진정한 실재성이 어떻게 발견될 수 있는지를 해명한다. 이 실재성은 도덕적인 행위와 좀 더 나은 세계를 위한 사명감이라는 실천적 차원에서 논의된다. 인간의 사명은 무엇이며 인간의 본질은 무엇인가를 1인칭 관점에서 서술하고 있는 이 책을 피히테는 모든 독자가 서술자의 관점에서 읽기를 원하고 있다.

요한 G. 피히테, 《독일 국민에게 고함》, 황문수 옮김(범우사, 1991)

14강으로 구성되어 있는 이 글은 나폴레옹에게 침공당하던 시기, 베를린에서 1807–1808년에 피히테가 행한 연설문이다. 이 글에서 피히테는 프랑스와의 전쟁에서 독일이 패배한 근본 원인을 찾고, 새로운 국민 교육으로 공동체 의식을 강화하여 나라를 되찾아야 한다는 것을 강조한다. 피히테는 게르만 민족주의를 내세우기보다는, 독일 민족의 국민 의식을 도덕적, 문화적 사명의 관점에서 강조하고 있다.

백훈승, 《피히테의 자아론 : 피히테 철학 입문》(신아출판사, 2004)

이 책은 피히테 철학에 관한 국내 유일의 연구서다. 현재까지 피히테 철학이 칸트로부터 헤겔에 이르는 독일 관념론의 맥락에서 부분적으로 소개되고 연구되었다면, 이 책은 피히테 철학을 중심으로 그 전반적인 사상 체계와 이론을 소개하고 있다. 1부에서는 독일 관념론의 기본 개념과 칸트로부터 피히테에 이르는 철학 흐름을 소개하고, 2부에서는 피히테의 학문론의 기본 개념들, 즉 자아, 실행, 지성적 직관, 절대적 자아 등을 소개하고 있다. 3부에서는 피히테의 실천철학(윤리학)을 충동, 양심, 의무라는 주제로 논의하고, 4부에서는 자아, 승인, 공동체를 주제로 상호주관성과 국가론 등을 논의하고 있다. 입문자가 피히테 철학 전반을 체계적으로 이해하는 데 도움을 주는 책이다.

백훈승, 《칸트와 독일 관념론의 자아의식 이론》(서광사, 2013)
이 책은 칸트로부터 헤겔에 이르는 독일 관념론을 '자기의식(자아의식) 문제'를 중심으로 정리하고 있다. 자기의식이 독일 관념론이 다루는 화두 중 가장 핵심적인 문제인 만큼, 이 문제를 중심으로 독일 관념론을 일목요연하게 이해하는 데 많은 도움을 주는 연구서다. 피히테의 이론은 3부에서 소개된다.

김준수, 《승인이론—독일 관념론의 상호주관성 이론 연구》(용의숲, 2015)
이 책은 피히테와 헤겔의 '승인이론'을 중점적으로 다룬 연구서다. 보통 '승인이론(인정이론)'이라고 하면 헤겔의 《정신현상학》만을 떠올리지만, 헤겔의 승인이론이 발표되기 전에 피히테는 이미 자신의 여러 저술들에서 승인이론을 체계적으로 전개한 바 있다. 이 책의 1부에서 소개한 피히테의 승인이론 부분을 통해 칸트로부터 헤겔로 이어지는 맥락에서 피히테가 얼마나 중요한 역할을 했는지를 이해할 수 있다.

김상봉, 《자기의식과 존재 사유—칸트 철학과 근대적 주체성의 존재론》(한길사, 1998)
이 책은 칸트 철학을 중심으로 철학사적 맥락에서 독일 관념론을 이해하기에 좋은 글들로 이루어져 있다. 플라톤에서 헤겔에 이르는 철학사에 대한 지은이의 폭넓은 식견과 주제를 관통하는 문제의식이 어우러져 있는 책이다. 독자에게 이 책 전체를 통독해보기를 권한다. 특히 3장 '피히테와 나의 존재론'과 4장 '나의 존재론에서 생각의 존재론으로'는 독일 관념론사에서 피히테 사상이 차지하는 위치를 이해하는 데 많은 도움을 준다.

한자경, 《자아의 연구—서양 근·현대 철학자들의 자아관 연구》(서광사, 1997)

이 책은 칸트 전문가인 지은이가 데카르트로부터 라캉에 이르는 근·현대 철학자들의 자아관에 대해 저술한 것이다. 특히 2부가 독일 관념론자들의 자아관에 대한 부분인데, 이중 7장이 피히테에 관한 부분이다. 여기서 지은이는 피히테의 학문론에 등장하는 자아를 무한과 유한의 관계 속에서 논하는데, 피히테의 학문론을 접하지 못한 독자들은 이 글을 통해 대략적으로 피히테의 자아관을 살펴볼 수 있다. 이 저서와 더불어 저자가 불교 등 서양 철학 외의 분야와 관련시켜 자아에 대해 논하고 있는 《자아의 탐색》(서광사, 1997)도 참고하기 바란다.

니콜라이 하르트만, 《독일 관념론 철학》, 이강조 옮김(서광사, 2008)

이 책은 칸트 이후 독일 관념론 전반을 종합적으로 소개하고 있는 잘 알려진 책으로, 독일 관념론을 처음 접하는 이들에게 충실하고 좋은 입문서가 될 것이다. 이 책은 1부에서는 피히테, 셸링, 낭만주의를 다루고, 2부에서는 헤겔을 다룬다. 1부 2장이 피히테에 관한 부분이며, 여기서 하르트만은 피히테의 생애와 저작을 간략히 소개한 후 학문론의 토대, 이론적 학문론, 실천적 학문론, 학문론의 후기 형식, 윤리학, 법철학, 국가철학, 역사철학, 종교철학 등 주제를 세분화하여 피히테 사상이 발전해나가는 과정을 시기별로 일목요연하게 정리하고 있다.

로타 엘라이, 《피히테, 쉘링, 헤겔―독일 관념론의 수행적 사유 방식들》, 백훈승 옮김(인간사랑, 2008)

이 책의 저자는 칸트 이후의 독일 관념론을 '수행적 관념론der operative Idealismus'으로 간주한다. 저자는 정신이 대상과의 관계에서 끊임없이 운동하는 특징을 '수행적'이라고 규정하면서 이 관점에서 피히테와 쉘링, 헤겔을 일관되게 다루고 있다. 활동이나 행위 등은 실체이면서 주체인 자기의식에 관한 이론에서 본질적인 개념이므로, 이 책은 하나의 통일적 관점에서 피히테로부터 헤겔까지 독일 관념론의 주요 사상을 이해하는 데 도움을 준다.

서정혁seocrates@hanmail.net

부산에서 2남 3녀 중 막내로 태어나, 고등학교까지 부산에서 학업을 마쳤다. '6·10항쟁'의 여파가 채 가시지 않은 1988년 봄에 '올림픽' 준비가 한창이던 서울로 상경해 연세대 철학과에 입학했다. 연세대 철학과 대학원에서 칸트 철학으로 석사 학위를, 헤겔 철학으로 박사 학위를 받았다. 박사 학위 논문 주제는 〈헤겔의 철학에서 '삶' 개념〉이었으며, 이 논문은 그해 '연세대 대학원 우수논문상'을 받기도 했다. 연세대 철학연구소 등에서 연구원을 지냈으며, 현재는 숙명여자대학교 리더십교양교육원에 재직하면서, 철학뿐만 아니라 사고와 표현에 관련된 교양 교육 분야에도 관심을 가지고 '글쓰기', '토론' 등의 과목을 가르치고 있다. 지은 책으로는 《철학의 벼리》, 《논술교육, 읽기가 열쇠다》, 《논증과 글쓰기》(공저) 등이 있고, 옮긴 책으로는 헤겔의 《미학 강의(베를린, 1820/21년)》, 《예나 체계기획 III》, 《세계사의 철학》, 《법철학 강요》 등이 있으며, 헤겔 철학을 비롯한 독일 관념론뿐만 아니라 교양 교육, 의사소통 교육에 관한 다수의 논문들을 썼다. 당분간 헤겔 철학 중 '미학'에 대한 연구와 '인문교양'에 관한 연구 및 강의에 집중할 예정이다.

학자의 본질에 관한 열 차례의 강의

초판 1쇄 발행 2017년 1월 13일
개정 1판 1쇄 발행 2023년 5월 4일
개정 1판 2쇄 발행 2024년 12월 20일

지은이 요한 G. 피히테
옮긴이 서정혁

펴낸이 김준성
펴낸곳 책세상
등 록 1975년 5월 21일 제2017-000226호
주 소 서울시 마포구 동교로23길 27, 3층(03992)
전 화 02-704-1251
팩 스 02-719-1258
이메일 editor@chaeksesang.com
광고·제휴 문의 creator@chaeksesang.com
홈페이지 chaeksesang.com
페이스북 /chaeksesang   트위터 @chaeksesang
인스타그램 @chaeksesang   네이버포스트 bkworldpub

ISBN 979-11-5931-924-2 04080
       979-11-5931-221-2 (세트)